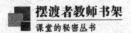

摆渡者教师书架
课堂的秘密丛书

主编◎刘海涛

课堂导学

精彩课堂的有效捷径

王林发　吴丽仪◎著

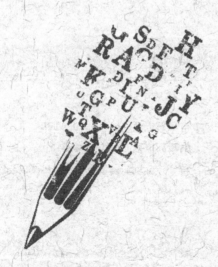

教育科学出版社
·北京·

出版人　李　东
项目统筹　何　薇　闫　景
责任编辑　杨建伟
责任校对　贾静芳
责任印制　叶小峰

图书在版编目(CIP)数据

课堂导学:精彩课堂的有效捷径 / 王林发，吴丽仪
著.—北京：教育科学出版社，2016.4(2018.9重印)
（课堂的秘密丛书）
ISBN 978-7-5041-8969-1

Ⅰ.①课… Ⅱ.①王… ②吴… Ⅲ.①课堂教学—教
学研究—中小学 Ⅳ.①G632.421

中国版本图书馆 CIP 数据核字(2016)第 083292 号

课堂的秘密丛书
课堂导学:精彩课堂的有效捷径
KETANG DAOXUE：JINGCAI KETANG DE YOUXIAO JIEJING

出版发行	教育科学出版社		
社　　址	北京·朝阳区安慧北里安园甲9号	市场部电话	010—64989009
邮　　编	100101	编辑部电话	010—64981151
传　　真	010—64891796	网　　址	http://www.esph.com.cn
经　　销	各地新华书店		
印　　刷	北京玺诚印务有限公司		
开　　本	177 毫米×240 毫米　16 开	版　　次	2016 年 9 月第 1 版
印　　张	13.5	印　　次	2018 年 9 月第 2 次印刷
字　　数	210 千	定　　价	35.00 元

创造教师的专业之美

刘海涛

2011年10月,教育部颁布了《教师教育课程标准(试行)》,标志着我国教师教育学科和教师队伍建设进入到一个崭新的阶段。一轮体现时代特征的、适应我国基础教育改革发展的现代教师教育课程体系建设,在《教师教育课程标准(试行)》的引领下向深度和广度挺进。今天的新型教师具有广阔的国际视野和精湛的专业技能,他们创新教师的职业内涵,并将其提升到一个与时俱进的新境界。

叶澜在《教师角色与教师发展新探》里,从生命价值的角度对教师职业做了全新的阐释。教师是一个使教育者和受教育者都变得更完善、更完美的职业。今天的教师不仅"育人",而且"育己";不仅"授业",而且"创造"。教师能将外在的知识和他的创造成果转化为自己成长的养分,努力地追求并实现教师职业的快乐境界。一名教师不仅要养成高尚的师德,也应把教师的专业性发展成职业美。当实现了职业美时,教师就唤醒了自身的生命,也就开启了学生美好的人生。所以,教师要努力培育自己高尚的品德,掌握专业化的教育理论、方法和技能。

富有创造力的教师，能让技术性很强的教学工作呈现一种美的教育智慧；能让专业性很强的教学贯穿一种类似游戏般自由自在的快乐精神；能让生活性很强的体态、口语和情感展现一种具有审美特性的魅力——他们课堂上的口头语言、课堂外的文字语言已上升为一种赏心悦目的教学艺术。

富有创造力的教师，绝不把学生看作被动的接受者，而是努力让学生用主动的精神、积极的情绪来参与教学活动，他们让学生做到了：在主动的参与中生长，在愉快的讨论中飞翔，在自主自立的发展中成熟——他们像苏步青的教育活动那样，以教出超过自己的学生而感到高兴和荣耀。

教师的职业美首先体现在他对美的课堂的创造上。换句话说，优秀教师打造美的课堂是有绝招的。

真正美的课堂，应该是教师所传授的知识符合学生的接受程度，课堂信息量大，能够激发学生的求知欲，能够让学生通过教师传授的方法，开展真正意义上的探究性学习；授课教师的语调、语速能够凝聚学生的注意力，并富有较强的感染力……这样的优秀课堂的境界，我们虽然不能时时刻刻达到，但是时时刻刻心向往之。这是一个教师专业化和职业化的具体体现。本丛书提出了各种课堂问题，比如：精彩课堂的有效捷径——"课堂导学"如何开展；魅力课堂的内在动力——"课堂激趣"如何形成；高效课堂的思维激荡——"课堂讨论"如何实施……这些课堂技能的学习和训练，相信可以帮助教师运用专业化的方法和技巧来创造美的课堂。

若要成长为一个能上优质课、能创造美的课堂的教师，就需要从每一堂课的精心准备、长期积累开始。一堂好课要做哪些准备呢？一个卓越的教师通过什么样的学习和训练培养自己扎实深厚的教师素养，并在此基础上备好一堂课呢？"课堂的秘密"将会给您答案——

首先，寻找最好的教学资源。比如课程标准、优质课件、教学数据库等。只有找到了本课程最好的教学资源，备课才能从一开始就站在较高的起点上。正像双方交战的部队，如果你的武器装备比别人的好，你就有了打一次胜仗最基本的条件。最好建设一个可以满足你教学需要的课程网站。课程网站海量般的储存功能，会让你的教学以一种新颖、生动的数字化形态展现在学生面前。

其次，设计完整的教学方案。青年教师第一轮备课时，最好能做到把课堂上要讲的主要内容都事先准备好，写下来。据一些教学理论专家研究：青年教师讲授一次课(两课时),一般需要用 12－14 小时来备课。你只有做了充分准备,才有可能在课堂教学中从容、镇定,而只有进入从容、镇定的状态,这堂课才可能会有超水平的发挥。详细的、完整的教案,包括教学设计、案例分析、课堂讲稿、阅读清单、作业设计、考试试题、课后小札等。教师应通过仔细研读课标、教材,明确课程的结构体系,把握各个知识点之间的内在关系,掌握本课的教学重点、难点,并选择好教学方法。

再次,撰写系统的教学反思。当教学经验有一定的沉淀后,你就要有一个远大的并富有创造性的教学理想——深入研究,系统阐述。如果有了这个念头,你就可以做这样的事情:你教什么,就研究什么;反过来,你研究什么,就教什么。在今天的信息化校园里,你可以启动"把详细的教案改造成教材和专著"的工作,可以考虑"占领"一个教学制高点——让现代教育理念支撑你的教育活动。

最后,构建先进的教育平台。比如在"微时代"和互联网时代,你可以下载"云阅读"里的资源,并将之改造成为自己所用的教学资源,然后通过"云笔记"进行研究、编辑、写作,通过微博发布来引导学生开展课堂内外的探究性学习。这样的教育平台会让你觉得课堂教学是一件很快乐的事情。你可以随时在微博、微信上发表自己的教研成果或教学成果,可以随意转载你在网上看到的、觉得对你的教学有用的教学素材。学生的及时跟帖、评论会开辟一个课堂以外的的师生交流的空间。

无论是教学,还是教研,当你获得了学生的认可、业界的赞同,你将会从中体验到一种做教师的愉悦感和成就感。我认为,这种愉悦感和成就感在各个不同层次、不同类型的学校是等值的,是无论用多少金钱都买不来的一种人生的快乐和职业的快乐。这正是"课堂的秘密"想追求和实现的教育理想、教学目标和教育境界。

2015 年 9 月 23 日

目 录

第一章

精彩课堂始于导学

　　一支粉笔、一块黑板、一本教科书和一位教师是传统的教学情景。可曾想过，课堂不再由教师主掌，而是由一群学生在一纸文章的指导下，经过多场讨论，自主完成？

　　课堂导学，新时代呼唤下的一种教学变革。教师将指导的智慧汇成一篇篇精练的导学案，作为学生学习的指路明灯。学生在自主、自由、开放的思想激发下，成为学习的主人，积极地开发学习潜能，尝试自己寻找问题，自己解决问题，自己演说评析，创造精彩课堂。

　　从导学意义上看，新型的教育方式不仅要求教师要有"导"的实施艺术，更要有"导"的研究能力。导学，不仅能够促进教师的专业成长，增长学生的学习能力，更能够促进教育思维、教育方式、教育手段等方方面面的改革，加快教育改革的速度。

第一节　课堂导学的内涵

一、中国教育呼唤导学

（一）从实际课堂教学看

　　30年前，中美双方考察团对对方国家的基础教育进行了考察。这似乎有点"历史悠久"的感觉，但是我们可以发现中国式教育现状还是没有突破性地改变，至今仍可以看到当年美国考察团观察到的情况：中国学生勤奋，经常晚睡早起，成绩还很优秀。然而，为什么在美国考察团看来拥有如此优秀而又勤奋的学生的中国教育仍难以破解"钱学森之问"呢？

1. 以师为本

教 学 案 例

小狗包弟①

上课伊始，老师交代了本课的学习目标，主要是理解巴金老人的这篇回忆录所揭示的思想感情。接着，学生自主学习，可以看书思考，可以默读，可以小组讨论。十分钟之后，集中研讨问题，主要方式是老师主问，学生随意回答，并且老师对正误不置可否，待时间差不多之后，老师看学生的回答五花八门，有不少不着边际，于是急急收网："同学们，刚才大家对这篇文章进行了个性化的解读，说出了不同的意见，现在我总结一下……"整个课堂教学活动中，学生几乎没有查阅任何资料，也很少在课文的字里行间进行圈点勾画。

我们惊呼这名教师的"新"，一改老气横秋的教学模式，将学生放在一个突出的位置。但是，还没有等到我们将自己惊叹的情感表达出来，这名教师采取了"老师主问，学生随意回答，并且老师对正误不置可否"的教学方式！这根本是披着现代教育理念的外衣，衣服下面却是以前的那位老师。最后，这名"新"型教师竟然还无法控制课堂，急急忙忙地结课，无视学生的接受情况，忽视学生学习的主体地位。这名教师的做法并不是培养学生的实践能力和创新思维，根本就是应付了事，消耗教学时间！

然而，在真实的课堂中仍有很多教师不顾学生学习活动的主体地位，未能充分发挥学习活动引导者的作用，无法将学生引入"正途"，更无法帮助他们养成良好的学习习惯。传统的以师为本的课堂教学又如何能够解放学生自由的灵魂？

2. 学生失真

我们可以在真实的课堂（特别是小学课堂）中看到这样的画面。教师威

---

① 陈芳,程小文.今日课堂缺什么[M].南京:南京大学出版社,2011:243.

严地喊道："一、二、三。"学生立即不假思索地答道："坐端正！"学生的一双双小手成了有千斤重的钢铁，无法移动，失去自由。教师在讲台上滔滔不绝地演讲，不时扶着自己鼻梁上那个黑色粗框眼镜，感受学生"崇拜"的目光，忘乎所以地传授着"真理"。然而学生那个聪明的脑袋由于年久"失修"，仿佛忘记了如何进行运转，只懂得"点头"，回答一些不用动脑的简单问题。随着时间的流逝，教师已经养成了主宰课堂的习惯，而学生已经逐步成为了不会动、不会思考的小木偶……

学生，在传统课堂上失去了自我。他们只要一动不动地坐在椅子上，小手规范地放在课桌上……这就是教师眼中的好学生！

教师，昏昏欲睡的讲解，口水四溅的独白，让学生失去了天真的笑容，丧失了话语权。渐渐地，学生不再活泼好动，不再把自己美丽的笑容送给讲台上的老师，不再懂得思考问题……

学生在传统课堂的"熏陶"下，逐渐失真，成为课堂教学的"傀儡"！

（二）从中外教学探索看

2015 年，英国 BBC 电视台推出一部纪录片——《我们的孩子足够坚强吗？中国学校》。几十分钟的纪录片再次引起公众积极的讨论。

经历半年的精心挑选，BBC 电视台邀请 5 位中国教师在英国汉普郡的博航特中学开设"中国实验班"，检测"中国式教育"。在一个月时间里，实验班的课程作息基本与中国学校相同，并且所有课程让中国教师来上。穿校服、做早操、选班干部、抄板书、小测验、晚自习……一系列中国特色教育套用在英国九年级学生身上。中外教育文化的差异激起巨大的讨论水花。

英国教育提倡自由精神的培养。参与实验的"懒散"的英国学生在中国教师面前感受到前所未有的压抑。面对中国教师的大吼——"安静，别说话！""开动一下你的脑筋！""不要说话，不要提问！""先听我说！"……英国学生显得无所适从。在不断被要求安静地思考、认真地听取、积极地竞争后，他们似乎找到答案：中国教师把学生当成"强力吸水海绵"。

中国教师把英国学生的行为评价为懒散且无纪律，并认为英国的高福利制度养了这群懒汉。但实际不然，英国以不同的教学大纲应对不同的学生，根据年龄特点及生活特点设定学段目标；反之，中国以一个课程标准应对千万学子。面对学习要求，学生要么适应，要么被淘汰。教育以强烈的竞争制度企图迫使学生不断向前。

因此，英国学生在童年时期有更多的时间阅读，探索体验生活，以兴趣引导知识的探索之路。相反，中国学生从童年开始就坐在书桌前翻阅教科书，抬头抄板书，低头填写考试卷……试问，这样的教学方式为我们的孩子培养了什么？我们的孩子，将来面对社会又足够坚强吗？

在纪录片中，英国学生在小测验中取得不错的成绩。中国教师得到英国家长的大大称赞——"孩子变得守纪律了""成绩有前所未有的进步""我实在意想不到他这么聪明"……不可否认，传统的教育让我们的孩子懂得了很多知识，更是贴合望子成龙的父母心意，但是英国学生原有的自由灵魂黯淡了很多。因为生活中并不会用到这些考试内容，所以他们失去了思考争论的机会。

对比英国教育，中国教育需要一个大胆的转变——尝试放手，以生为本，以师为导。

"教学观念的转变，倡导教师的教应从学生实际出发，创设有助于学生自主学习的问题情境，引导学生通过实践、探究、交流，获得知识，形成技能，发展思想，学会学习。"① 教学要从学生实际出发，以生为本，突出学生主体地位，这是现代教学高举的旗帜。

二、课堂导学的定义

（一）导学的基本内涵

"导"是指引导、指导的意思；"学"有学习、方法的意思。"导学"指的是在教育改革的推动下，根据新课程理念，教师根据学生个体发展需要，以提高学生能力为目标，通过个体、集体或师生的共同努力，设计导学案，引导学生开展自主、合作、探究性学习的一种新型的教学方法。

（二）导学的理论支撑

导学，从萌芽到发展，有着强大的理论支撑，有着一大群热捧的学者深入这方面研究。

---

① 国佳.数学新课程理念下的学案导学教学模式研究[D].天津：天津师范大学,2009:5-7.

1."最近发展区"理论

维果茨基有一著名教育理论——"最近发展区"理论。他认为学生的发展有两种水平:一种是学生的现有水平,指学生独立解决问题的水平;另一种是学生可能的发展水平,也就是通过学习获得的潜力。最近发展区指的就是现有水平和可能发展水平间的差异。根据维果茨基的思想,教师的目光应该放到学生最近发展区,让学生积极学习对自身而言有一定难度的内容,充分发挥自己的潜能。学生在自己应有水平的基础上,在教师的牵引下,顺着自身发展的方向,全力向"待解决问题"发起挑战。

导学,则是根据维果茨基的"最近发展区"理论,了解学生认知水平和年龄特征,制订相应的导学案,通过导学案引导学生自主、合作、探究性学习,促进学生掌握新知识,形成新能力,顺利地达成学习目标。

2.建构主义理论

建构主义也译作结构主义,其最早提出者可追溯至瑞士的皮亚杰。他认为,儿童是在与周围环境相互作用的过程中,逐步建构起关于外部世界的知识,从而使自身认知结构得到发展。儿童与环境的相互作用涉及两个基本过程:"同化"与"顺应"。认知个体(儿童)就是通过同化与顺应这两种形式来达到与周围环境的平衡。儿童的认知结构就是通过同化与顺应过程逐步建构起来,并在"平衡—不平衡—新的平衡"的循环中得到不断的丰富、提高和发展。①

导学,就是学生参照导学案的内容,以自我探究为主学习新内容,自觉、主动地建构知识意义,完善已有的知识体系。学生在导学案的指引和教师的引导下,利用自身原有的知识结构同化或者顺应新知识,形成新的知识结构,达到认知结构的平衡。

3.有意义学习理论

奥苏贝尔在他的著作——《教育心理学:一种认知观》一书的扉页上提到:"如果我不得不把教育心理学的所有内容简约成一条原理的话,我会说'影响学习的最重要的因素是学生已知的内容。弄清了这一点,进行相应的教

---

① 高变英."学案导学"教学模式的构建与实践[D].济南:山东师范大学,2006:13.

学'。"① 有意义学习理论是由奥苏贝尔提出的，指的是学习材料具备逻辑意义、学生已有知识结构与新知识有联系和学生有学习的意向。这三个要素构成有意义学习理论的必备条件。

导学，就是根据学生原有的认知水平制订导学案，增进学生认知结构中与新知识有关的概念。在有意义学习理论的指导下，导学应该遵循一定的逻辑意义，激发学生对新知识产生求学倾向。

（三）导学的意义

课堂导学是根据儿童年龄发展水平及生活特点而提出的一种新型教学模式，意在转变教学中的主体地位，提高学生的综合实践能力，塑造学生的自由开放思维。因此在教学上，课堂导学有着深厚的意义。

1. 导学，发挥教师主导作用

即使导学似乎降低了教师的教学地位，"无视"教师传统的课堂至尊地位，也只是将教师的主导作用隐含了起来而已，实质并无缺失。导学通过导学案，将教师智慧的结晶融合在里面，利用导学案作为引导学生学习的导向，带领学生克服学习新知识的困难，激发学生学习的热情。

2. 导学，突出学生主体地位

导学主要是学生在导学案的引导下，通过自主探究的学习方式解决学习问题，尝试通过自身或者团队的能力克服困难，感受自己主宰学习的乐趣。因此，导学重视学生在学习活动中的主体地位，充分发挥学生的主观能动性，改变传统以师为本的局面，为学生自主学习添加十足的动力。

3. 导学，重视团队的作用

导学主要的"道具"便是导学案。导学案的设计主要是依靠主备人"个备"、学科组"群议"、主备人修订、各教师"个备"和上课后修订等方式来完成。还有，导学案不仅可以依靠教师团队的贡献，还可以借助学生的力量。教师通过团队来制订导学案，可以让导学案更加科学，更加符合学生的认知水平和年龄特征。总之，导学促进教师和教师之间、教师和学生之间发挥合作的力量，共同为课堂教学奠定良好的基础。

---

① 邵瑞珍.教育心理学[M].上海：上海教育出版社，1997：6.

第二节　课堂导学的特征

有句广告词说："我的地盘我做主！"这体现了人们对事物的控制欲，希望可以自己主宰自己的命运。学生作为自己学习活动的主人，同样希望可以掌控自己的学习活动。课堂导学的出现给学生带来了"光明"，极大地激发了学生学习的热情。现在，我们把传统的教学模式和课堂导学进行对比，看看课堂导学的特征。

一、学生主体化

传统课堂是教师一手捧教科书，一手执一长尺，学生跟随着教师的脚步，不停地在"摇头晃脑"。我们不得不发问：学会否？学好否？传统课堂将教师捧为上天，把教材当成圣旨，将学生局限在教室范围。这根本就是以"教师、教材、课堂"为中心，一切围绕着一个"教"字，忽视学生作为学习活动的主体地位。

著名心理学家罗杰斯说："没有人能教会任何人任何东西。"学生应将教师教的东西内化，依靠自身的力量构建知识意义。现代教育提出终身学习、探究学习、自主学习等，这要求学生必须掌握自我学习的能力。而课堂导学立足于学生的发展，通过精心的组织，力求教会学生"学"。这摆脱了传统以"教师、教材、课堂"为中心的局限，确立"以生为本"的教学模式。"教是为了不教。"教师的"能教"不是目的，学生的"会学"才是重中之重。

课堂导学就是学生学习的指南针，引导学生借助教材，自主使用导学案，成功地完成学习任务。学生经过课堂导学的训练，可以逐渐形成自觉学习的意识，掌握自我学习的方法，收获自主学习的成效。

课堂导学讲究的重点是学生如何学，这就必须明确三个基本的问题——

首先是学习目标：我要到达的目的地是哪里？

其次是学习方法：我通过什么交通工具到达目的地？

最后是学习评价：我怎么确定自己已经到达目的地？

总而言之，课堂导学着眼于学生怎样学，是否懂得学，促进学生形成自主学习的能力，培养会学习的新型人才。

二、教师主导化

第斯多惠说："一个坏的教师奉送真理，一个好的教师则教人发现真理。"优秀的教师不仅要传播知识，还要教会学生如何自主学习。课堂导学一个重要的作用就是"如何引导学生学习"，这是区别于传统课堂教师"教学"的形式。

导学案就是课堂导学的重要"道具"。教师通过精心设计导学案，将自己思想的结晶汇成一句句话语，落入导学案的怀抱。学生在导学案的指引下，运用多种学习方法，尝试通过自主探究和合作交流的形式翻越障碍，到达成功的彼岸。学生在课堂导学的熏陶下，逐渐养成主动学习的意识，形成自主学习的方法。

此外，在课堂上，教师的导是塑造精彩课堂的重要因素。导，不是简单地完成导学案的步骤，而是以导学案为基础，进一步设计"引导"的环节，引导学生课前认真预习，课中开动脑筋想、开动嘴巴说，课后自觉总结。

三、教学多元化

多元化的社会促进多元化人才的需求，这就要求教育必须多元化，以适应时代的发展。

传统课堂采用的是单一的、封闭的教学方法。教师主要采用讲授的方式传递知识，一般利用挂图、事物和模型等常见的教具，基本依靠一张口、一双手、一块黑板来发挥"传道、授业、解惑"的重要职责。

课堂导学可采用多种教学方法，力求给学生的学习带来新鲜感，通过多种方式帮助学生克服学习困难，指引学生前进的方向。

1. 创设情境

有一位学者针对创设情境打过一个比喻：将 15 克盐放在人们面前，人们会感觉难以下咽。但是如果将 15 克盐加入一碗美味的汤中，人们在享用汤的时候已经咽下了当初难以接受的 15 克盐。创设情境就是将新知识融入情境中，使得学生轻松愉快地接受新知识。课堂导学鼓励采用情境法，让学生通过情境加深对新知识的理解，从而较好解决学习上的困难。

2. 小组合作

小组合作是指学习小组内部学生间的学习（一般小组由 6～9 名学生组成），在高效课堂上一般安排在独学或对学之后。小组合作体现的是整个小组成员对有关问题的讨论、交流，交流的问题主要包括小组学习成果的分享、小组内共同关注的焦点性问题、共性度高的疑难问题，此外还有综合实践类活动任务的合作等。[①]

小组合作是高效课堂的重要手段，相当于"头脑风暴"。课堂导学虽然是以学生自主学习为主，但是也会采用小组合作的形式，通过团队的力量一起克服学习上的困难。

3. 学生导课

学生的主体性不仅是让学生在讲台下说，更能把能力搬到讲台上。学生导课是让学生学会掌控学习节奏，导入、提问、课文讲解、结课等教学流程全都由学生自己完成。教师可退于一旁，适时引导提示，做个隐藏的指路明灯。

学生导课一般由4～6人组成一个小组担任"教师团"。课前，学生可根据教师提供的导学案进行自主预习，将知识内化；课中，学生可根据导学案步骤及自身学习的结果进行导课，将自己学习时遇到的问题反过来问同学，在互相讨论的过程中掌握完成学习任务。教师在个这过程中则可适当"拨乱反正"，以导推导。当学生思维混乱时，可提示；当课堂气氛过于冷清或热烈时，可调控；当汇报结束时，可总结归纳。教师仅是课堂节奏的"调控者"，但绝非妨碍思维拓展的"独裁者"。学生互相导课，打破单纯听教师说的传统，提升课堂互动的趣味性。这不仅是合作学习的展示，更是能力培养及能力展示的好机会。

4. 课堂练习

课堂导学利用导学案引导学生自主学习，而导学案的"导"较多以练习为载体。

导学案例

七年级数学《正数和负数》的导学案设计

课堂练习

第1题到第4题直接做在课本上。

1. 小明的姐姐在银行工作，她把存入3万元记作+3万元，那么支取2

---

① 张海晨,李炳亭.高效课堂导学案设计[M].济南:山东文艺出版社,2010:36.

万元应记_____，−4 万元表示_____。

2. 已知下列各数：51，432 ，3.14，＋3065，0，−239；正数有_____
_____；负数有_____。

3. 下列结论中正确的是（   ）

A. 0 既是正数，又是负数   B. 0 是最小的正数

C. 0 是最大的负数   D. 0 既不是正数，也不是负数

4. 给出下列各数：−3，0，＋5，213 ，＋3.1，−21，2004，＋2010；
其中是负数的有（   ）

A. 2 个   B. 3 个   C. 4 个   D. 5 个

要点归纳

正数、负数的概念：

(1) 大于 0 的数叫作_____，小于 0 的数叫作_____。

(2) 正数是大于 0 的数，负数是_____的数，0 既不是正数也不是负数。

学生在"练习"的引导下，根据自己掌握的新知识，完成学习任务。在做中
学，在学中做。学生在练习中不但掌握了新知识，而且巩固了学习成果。

四、评价多样化

在传统教育思想的影响下，学生只能依赖于考试获得自己的学习结果。
而教师则是依靠考试成绩判断学生的"等级"，再根据"等级"对学生采取
"区别对待"的教育态度。这样的评价方式极其不科学，严重地伤害到学生的
身心健康，降低了学生学习的热情，常常导致学生无法正确评价自我。以考
试为评价标准的方式有悠久的历史，以其易操作、易上手的特点征服了大批
学生、家长和教师，但是弊端甚多。

课堂导学的出现让"评价事业"的地位上升，改变了传统的单一形式，
以崭新的身姿出现在教育者的视野中。

1. **评价主体的转变**

"多少分"的问题是传统教育模式下，大人经常"拷问"小孩，每个小孩
必然面对的"李约瑟难题"。而课堂导学倡导的是多元的评价主体，不管是教
师还是学生，都可以根据评价的对象进行客观评价。自评、他评和互评的形
式被广泛地运用到课堂导学中，成为必要的评价方式。

2. 评价方式的转变

（1）单一评价转变为多元评价

传统课堂的评价只有对与错、好与坏，缺少创新性和针对性，学生无法从教师的评价中获得自信，无法享受学习成果带来的快感。课堂导学要求教师多维度、全方位地评价学生，既要看到学生的优点，又要看到学生的缺点。还有，教师的评价应该富有艺术性，在帮助学生树立自信心的同时，还要激发学生的学习兴趣。

（2）结果评价转变为全程评价

传统教育过分重视应试教育，只着眼于学生考试的结果，忽视学生在学习过程中付出的艰辛和能力的进步。课堂导学要求教师重视导学的每一个部分，关注学生每个学习阶段，根据学生的情况，及时地进行评价，让学生明确学习目标，及时改正不良的学习习惯。

（3）统一评价转变为层次评价

因材施教不仅要落实到教学方法上，还要落实到评价方面。传统课堂只需教师根据全班学生学习情况进行一个简单的评价，但是课堂导学要求教师根据每个学生自身的水平，有层次地进行评价。因材施教也要做到"因材评价"。每个学生拥有平等的受教育权，理应都受到教师的重视。教师应该摸清学生的"底子"，有针对性地进行合理科学的评价。

第三节　课堂导学的类型

课堂导学以其丰富的形式受到广大师生的喜爱。教师要想导学成功，必须利用深受人们欢迎的导学方式，吸引学生的注意力。

一、情境型

建构主义鼓励教师通过创设情境，帮助学生建构当前所学知识的意义。创设情境不仅激发学生学习的兴趣，还可以减轻学生自学的负担，具有促进课堂教学的重要作用，深受广大师生的追捧。

而创设的情境有多种类型，如生活型情境、问题型情境、求异型情境等。多样化的情境丰富了课堂导学的形式，给予学生不同的体验。学生在不同的情境中，自主地完成导学，顺利地"啃"掉新知识。

二、新鲜型

"新"指的是刚有的，初始的；"鲜"是指新的，不陈的。所谓"新鲜"指的是刚出产的、未变质的，或者是刚出现的、不常见的。我们这里讲的新鲜型是指对于学生来讲是鲜有少见、具有新奇刺激感的课堂导学。有一种巧克力的广告词这样写道："新奇、刺激、好玩，一次满足你三个愿望！"如此富有吸引力的话语非常吸引孩子。课堂导学的显著特征是多元化。多元化的媒体手段、多元化的教学方法和多元化的评价方法，无不让学生体验新鲜的美妙，感受学习的快乐。

三、活动型

课堂导学不同于传统教学，它不是强迫学生端正地坐在课室里认真听教师讲授知识，而是让学生积极参与小组合作和角色扮演等活动，使学生以活动中动动手、动动脚、动动口、动动脑的方式完成教学目标。学生感受到活动教学的创新性，带着好奇与热情投入活动中，享受快乐学习的魅力，培养自己多方面的能力，促进身心的全面发展。

第四节　实战案例：如何理解课堂导学的价值

一、实战案例

克拉玛依第九中学导学案①

年级：九年级　科目：历史　主备：＿＿＿＿　审核：＿＿＿＿

课题：第18课《美国南北战争》课型：预习＋展示

课程标准

讲述林肯在南北战争中的主要活动，说出《解放黑人奴隶宣言》的主要内容，理解南北战争在美国历史发展中的作用。

---

① 克拉玛依第九中学.《美国南北战争》导学方案[EB/OL].[2013-10-12]. http://k9z. klmyedu. cn/326jxms/dxayb/Pages/Default. aspx. 本文略有删改。

学习目标

1. 简述美国南北战争的原因、经过、结果及意义。

2. 通过南北战争中林肯和广大人民群众的活动，了解人民群众与杰出人物在历史上的作用。

学习重点

林肯在南北战争期间的作用。

学习难点

南北战争的起因。

课时安排

两课时（第一课时：预习；第二课时：展示＋反馈）。

学习过程

（一）回顾反馈，温故知新

（以默写的形式进行检测）

（二）明确目标，学案导学

（预习课本内容，独立完成下列内容的填写）

根本原因：＿＿＿＿＿＿＿＿＿＿＿＿＿＿＿＿＿＿＿＿

焦点：＿＿＿＿＿＿＿＿＿＿＿＿＿＿＿＿＿＿＿＿＿

导火线：1861 年，＿＿＿＿＿＿继任美国总统。

经过

开始标志：1861 年，＿＿＿＿＿＿挑起内战。

转折点：1862 年 9 月，林肯颁布了＿＿＿＿＿＿＿＿＿＿＿＿。

该文件的主要内容：＿＿＿＿＿＿＿＿＿＿＿＿＿＿＿＿＿。

结束：1865 年，＿＿＿＿＿＿＿＿＿，美国统一得到维护。

性质：南北战争是＿＿＿＿＿＿＿＿＿＿＿＿＿＿＿＿＿＿＿＿。

意义：美国废除了奴隶制，扫清了＿＿＿＿＿＿＿＿，＿＿＿＿＿＿＿。

林肯的功绩：

(1) 颁布了《＿＿＿＿＿＿》，废除了奴隶制。

(2) 赢得了南北战争的胜利，维护了国家的统一。

(3) 为＿＿＿＿＿＿扫清障碍，促进了国家和社会的进步。

（三）分组合作，讨论交流

1. 阅读下列材料：

材料一：我们以这些殖民地的善良人民的名义和权力谨庄严宣布并昭告：这些联合殖民地从此成为，而且名正言顺的应当成为自由独立的合众国……

材料二：1863年1月1日起，凡在当地人民尚在反抗合众国的任何一州之内，或一州的指明地区之内，为人占有而做奴隶的人们都应在那时及以后永远获得自由……

请回答：

（1）材料一和材料二分别是美国历史上哪两次革命中的什么文献？

（2）材料一、二中的文件的核心内容是什么？两部文件在两次战争中各起了什么作用？

（3）根据材料一、二说一说这两次战争在美国历史发展中有什么作用？

2. 钱币往往是一个国家历史的载体，仔细观察两张美元的图案，回答问题：

（1）图1中1美元上的历史人物是谁？简述他对美国历史的贡献。

（2）图2中5美元上的历史人物又是谁？他对美国历史有什么贡献？

图1　　　　　　　　　　　　　图2

（四）小组展示，答疑解惑（略）

（五）课堂小结，归类提升（略）

（六）达标测评，效果反馈（略）

（根据时间，适时选做练习册上的题目）

二、实战经验

（一）科学制订，明确目标

教师依据课程标准、教材要求和学生的学情制订合理科学的教学目标。课堂导学的导学案也要参照各方面，制订明确的学习任务。上面这份导学案依据《美国南北战争》的教学目标，参照课程标准，确定本节课导学案的任务。学生以导学案为本节课学习的蓝图，顺着思路掌握《美国南北战争》的重点、难点。

（二）小组合作，共同探究

课堂导学以自学为主的同时，重视小组合作。学生在自学之余，依靠团队的力量，共同探讨学习上的难题。在《美国南北战争》的导学案中，学生依靠小组合作的形式完成两道材料题，利用团队力量解决困难，加深对美国南北战争知识的理解。

（三）及时评价，教学升华

教学评价在课堂导学中占了一个十分重要的位置，具有不可忽视的作用。课堂导学以学生自学为主、教师引导为辅，需要进行及时的评价，促进教学成果和情感的升华。我们在上面的导学案中可以看到，教师通过小结和做练习检验学生学习的成果，这成为课堂导学不可忽视的评价部分。

三、实战策略

（一）导学，精心准备

课堂导学的精髓化成一篇篇导学案。教师通过个人丰富的教学经验和良好的团队合作，将智慧化成导学案，使其成为学生自学的指路明灯。在编写导学案之前，教师应该调查学情，深入研究教材，根据课程标准制订合理科学的导学案。

（二）导学，按部就班

课堂导学有先学后教式、互动交流式、自探共研式、主体探究式和任务驱动式等导学模式。每一种导学模式都有相应的导学步骤，依据自身的特点形成一种独特的模式。课堂导学也有问题提纲式、内容提要式、样例参照式和逐层启发式四种导学方式。总而言之，课堂导学有一套科学的步骤和严格的分类。教师只有按照一定的方法和步骤，才可成功地进行导学。

（三）导学，丰富多变

课堂导学具有多元性。不管是评价的多元化，还是教学方式的多元化，都促进了导学的丰富多变。学生每次走进课堂，都会产生一种新鲜感，能够激发学习的热情，以更大兴趣投入自主学习中。教师变化着导学的形式，让师生在快乐中教学相长，享受学习的乐趣。

第二章

课堂导学的模式

在传统教育中，既定的教学模式与一成不变的教案似乎成了束缚教师创新教学的障碍，导致师生对课堂缺乏新鲜感。当代教育迫切地需要冲破障碍，取得新鲜的硕果。

教学模式是指在一定教学理论或教学思想指导下建立起来的一种相对稳定的教学活动框架和活动程序。教学模式具有可操作性和有序性的，其运用是为了让教师更有效地把握教学活动及各要素之间的关系与功能。然而，在传统教学中，部分教师将教学模式当作控制课堂、完成教学的灵丹妙药，忽略了教学模式的灵活性。教师不能盲目地套用教学模式，应该摆脱只凭经验和感觉的错误观念，搭起一座连接理论与实践的桥梁。

在新课程理念下，教学模式表现出新时代的特点。这要求教师转变教学理念，摆脱传统束缚，将"讲授"转变成"导学"，从而提升学生创新思维，培养学生实践能力。

第一节　先学后教导学模式

一、先学后教导学模式的含义

先学后教导学模式是一种被广泛应用到课堂教学，并获得较好教学效果的教学模式。先学后教导学模式注重学生的自主学习，突出学生的主体地位。这要求教师有针对性地对学生的疑难进行指导，强调知识的掌握和运用。学生不但要掌握"学"的方法，而且要有"用"的技能。

在教学实践中，先学后教导学模式可用八字总结：先学后教，当堂训练。

先学，不是预习，也不是让学生盲目地学，而是教师在课堂上以教学目标为要求，以导学案为依据，让学生预先了解学习内容、学习方法、学习任务和学习要求，促使学生达到自我启发、提升能力的目标。在学生自主学习的过程中，教师通过提问、巡视、讨论等形式观察学生，最大限度地将学生存在的问题"暴露"出来，并及时进行分析，为后教做好准备、奠定基础。

后教，实为指导，是帮助学生提高认识、形成方法的关键。教师针对学生在先学过程中所暴露的问题和疑难适时进行引导，而对于学生已经掌握的内容采取略讲或者不讲的方式，始终把学生的自学放在突出位置，把自己的指导放在辅助位置。在此过程中，教师要突出教学重点，突破教学难点，帮助学生总结学习的规律和方法。还有，教师应当关注学生的反应和想法，避免盲目讲授。

当堂训练，是指在课堂上进行练习，达到及时巩固知识的目标，帮助学生减轻课后作业负担。当堂训练的方式具有多样性，既可以是笔头上的训练，也可以是以活动的形式进行交流。课堂小测验、情景交际、动手操作等都是当堂训练常用的方式。多样化的当堂训练能让学生积极巩固知识，提高学习效率。当堂训练要求在规定的时间内教师不做辅导，让学生独立地完成练习。

"先学后教，当堂训练"注重对学生进行启发教育，帮助学生养成自主学习的习惯，避免机械性的教学再次充斥课堂，能够有效规范教师的教学行为，锻炼教师的教学能力，提高教学质量。

二、先学后教导学模式的特点

（一）主体性

主体性是指人在实践过程中表现出来的能力、作用、地位，即人的自主、主动、能动、自由、有目的地活动的地位和特性。先学后教导学模式尊重学生个性差异，突出学生的主体地位，切合学生学习的需要。这就要求教师减少"大包大揽"，鼓励学生独立思考，自主学习。学生在先学的过程中，按照自己的经验理解知识，在交流中表达思想，在探究中体验学习。主体性要求导学要顾及每一位学生，让所有学生，即便是学困生，也能够达到自身发展和进步的目标。

（二）整体性

先学后教导学模式是一个由诸多要素结合而成的有机整体。导学的基本要素包括学、导、练，三者之间相互联系、相互制约和相互渗透，构成先学后教导学模式的整体性。导学实际是教师引导学生从"不会"到"学会"，再到"会学""会用"的教学过程。这一过程涉及学、导、练三个要素。教师的"导"是为了学生更好地"学"。学生的"练"是为了"会"得更好。因此，教师不要拘泥于"导"的方式，而要注重"导"的效果，为学生提供一个发现自我、展示自我、发挥自我能力的平台。

（三）目的性

先学是让学生能够在教师讲解前获得一定认识，以达到自主学习、减轻学习负担、善用课堂时间的目的。在中小学阶段，学生难以为自己设定具体的目标，自我监督的意识不强。对此，教师为了让学生积极主动地学习，应该将教学目标、学习要求、学习时间、学习效果等指引导内容呈现于导学案，指引学生"先自主学""后跟老师学""当堂训练"，达成教学目标。

先学后教导学模式要求教师根据学生的需要和具体情况，明确教学目标，并给学生清晰勾勒出"学习路线图"，便于学生自主学习。导学案是对教学过程的一个预设，是指导学生学习的方案。在导学案指引下，学生能够清楚了解教师的教学过程和教学方法，有助于师生交流，提高教学的有效性。

三、先学后教导学模式的应用

先学后教导学模式坚持"以学定教，以学导教"的教学理念，坚持"以生为本"、以让所有学生包括学困生都得到发展为目标。我们期望先学后教可以解决长期以来教师"一堂言"、学生"机械学"的教学问题，改变教师教多、学生学少的弊端，从而提高教学效果。先学后教导学模式可以概括为三个阶段，即"先学""后教"和"即练"。

（一）第一阶段——"先学"：强调预习作用，培养自学能力

1. 明确目标，激发自学

学习目标不但对教师选择教学内容和教学策略有着重要的指导作用，而

且对学生开展自主学习、探究问题也有着重要的引导作用。

明确学习目标不能一概而论，应该关注两个方面：一是基于课程标准，二是根据教学内容。基于课程标准，就是学习目标的设定要具有层次性、可行性、实践性，让学生学有序、进有阶。而根据教学内容，就是学习目标的设定要考虑知识的难易度。较单一的教学内容可以让学生一次性掌握，以节省教学时间；较复杂繁多的教学内容则要根据知识特点，将其分割，让学生分多次、分阶段完成。

自学即自主学习，是与传统的接受学习相对应的一种现代学习方式。它以学生作为学习的主体，通过让学生独立地采用分析、探索、实践、质疑、创造等方式来实现学习目标。自学不能像无头苍蝇一样，盲目进行，不知所以，要有目标、有方向。在学生自学前，教师应明确教学目标，采取或提问、或讨论、或承接、或创设情境、或媒体展示等方式进行教学。一份完整的导学案必须要有明确的学习目标设计，并且要求学习目标具体、明确，可观察、可测量。

教师应给学生提出有效的学习建议。例如，上化学实验课，教师让学生先自行阅读实验演示说明，提醒学生留意实验步骤并记下在操作过程中遇到的疑难点。导学要阐明具体要求，比如规定自学时间，要求学生在指定的时间内积极思考，以提高学习效率。

2. 小组交流，点评反馈

在确定自学的范围和要求以后，教师要留有充足的时间让学生自学。首先，教师应更多地观察学生的学习情况，留意学生在自学过程中的情绪，并适时提醒，引导学生抓住重点进行自主学习、深入探究、找出疑惑。同时，教师在巡视过程中找出表现较好的学生，及时表扬，以增强学生的自信心；另外，教师可以通过竞争的形式，提高学生的积极性，促使他们更认真、更投入地学习，从而有效提高教学质量。

除了自主学习，小组交流也是一种锻炼学生思维能力、突出学生主体地位的方式。通过小组交流，学生能够把自学中的部分疑惑解决掉。在相互帮助的过程中，学生各抒己见，表达想法，互相启发，实现共同发展。这种"兵教兵"方法的妙用体现在中上等学生对学困生的指导上：既让学困生获得知识，端正学习态度，又能够使中上等的学生深入理解问题和掌握学习方法。

"兵教兵"的小组交流能够帮助学生相互解决部分疑惑，减轻教师的教学负担。

在小组交流过程中，教师以巡视的方式，留意学生的讨论，以便及时发现学生的问题所在，为后教提供思想基础。对于学生通过自主学习和小组交流已掌握的知识，教师可以不教。这并不是教学的松懈，而是对学生的肯定。但教师可以对学生自学和交流所掌握的知识给予一定的评价，肯定学生恰当的学习方法与良好的知识掌握。这有利于提高学生的自信心，促使学生形成独立思考的习惯。如果教师能够长期坚持运用先学后教的教学方法，将有助于改变传统"一讲到底"的教学模式，提高学生的主体意识。

3. 自主学习，成果展示

"自主学习，成果展示"也是先学阶段的一个重要环节。在成果展示环节中，教师挑出一个学生进行小组学习的汇报，最好是挑选学困生，给予展示机会。这有利于增强学困生的学习动机，培养学困生的学习信心。同时，这也是教师对小组成员交流情况的一个检查过程。如果学困生可以掌握这些知识，我们在一定程度上可以确定中上层次的学生也掌握了这些知识。这体现出"面向全体学生，令所有学生包括学困生都得到发展"的教学理念，可以有效达成既定的教学目标。

导学案例

沸腾实验导学[①]

1. 实验准备

师：水沸腾时有什么特征？

学生猜想并进行"生活回忆"。

学生讨论：怎样才能在"既节约能源又省时间"的前提下烧开一杯水？

学生回答措施。

---

① 何靖.《物态变化》导学方案[EB/OL].[2013-10-12]. http://k9z. klmyedu. cn/326jxms/dxayb/Pages/Default. aspx. 本文略有删改。

2. 进行实验

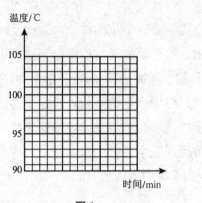

图1

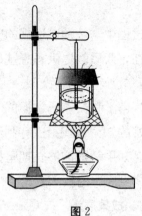

图2

教师进行实验指导：

（1）要分工合作。

（2）要观察沸腾前后现象（气泡、温度计）。

（3）记录数据，描点画图。

时间/min	0	1	2	3	4	5	6	7	8	9	……
温度/℃											

3. 分析论证

水沸腾前后液面情况如何？沸腾时是剧烈还是平和？发生在哪些部位？温度如何？水沸腾时移去酒精灯情况如何？

4. 实验结论

沸腾是在液体＿＿＿和＿＿＿（都填部位）同时发生的＿＿＿＿＿的汽化现象。

液体沸腾时温度＿＿＿＿＿但是要继续吸收热量，这个温度叫沸点。

5. 提出思考

（1）能用酒精温度计测量水的沸点吗？

（2）怎样把酒精和水分离开？

这是先学中的一部分——自学要求。导学案列举了小组讨论、实验操作、自我思考等方式，让学生进行自我思考，并对学生的自学活动做出具体的要求。比如，实验操作时要注意观察有哪些特殊情况，分析不同情况下的现象特点，对实验做出结论等。导学案中设有填空题和问答题，让学生清晰了解学习的内容、要求以及所要达到的目标。在导学案的指导下，学生可以独立自主地完成学习任务，体现出"先学后教"的主体性和目的性。

（二）第二阶段——"后教"：引导学生自我修正，指导知识运用

陶行知先生说："教什么和怎么教，绝不是凭空可以规定的。他们都包含'人'的问题，人不同，则教的东西、教的方法、教的分量、教的次序都跟着不同了。"[①] 教法要因人而异，也就是要求教师要做到认真对"人"进行观察巡视，让学生先学，再根据学生学的情况确定教法，即先学后教。在先学的基础上，教师通过巡视、个别提问来引导学生汇报自学成果，以便基本了解学生掌握知识的状况和存在的问题，为后教提供依据。"兵教兵"在后教中也能发挥作用。教师在学生自学后，提出具有倾向性的问题，让学生通过小组讨论来质疑、思考、发言，自主解决问题。先学后教导学模式体现的是一种以生为本、以学为教、以学促教的观念，是提倡师生平等、双向交流的教学模式。它的教学形式较为自由开放，更多的是让学生自主探究，将教师的角色定位于组织者、设计者、促进者。因此，导学实践应大力推行"兵教兵"的教学方式，让学生真正做到自主学习。

需要注意的是，"后教"并不单指教师的"教"。教师的"教"是纯粹地教会学生知识，而"后教"则要求教师明确教的方向，即教什么、怎么教、教了要达到什么效果。"教什么"，是指明确教的内容。教师坚决不教学生已掌握的知识，只针对学生自学中产生的问题进行指导。"怎么教"，是指教师并不解答问题，也不是滔滔不绝地进行灌输，而是引导学生从不同方向思考问题、解决问题，让学生相互交流和启发。在教的过程中，教师作为组织者，将学生置于主体地位，让学生自主判断问题回答的对错、解决方法的可行与否等，引导学生在评价中不断完善答案。学生能够解答，教师就不要轻易说出答案，这不仅是留给学生思考的机会，更重要的是此举可以增强学生的自信心。同时，教师要给学生指出错误，并引导学生学会自我审视，从错误中掌握"正确"。"后教"要达到的效果是，教师通过积极指导，教会学生掌握学习方法，使其触类旁通，获得学习能力。

---

① 转引自：文刀.学陶札记[J].钦州师范高等专科学校学报，1990(2)：55.

（三）第三阶段——"即练"：边练、边评、边明，实现三个"清理"

先学后教导学模式的另一重点是从根本上落实"即练"，即当堂训练，为学生提供更多运用知识的机会。在这一环节中，教师要保证训练的时间不少于15分钟，以确保学生有足够的时间把知识转化为能力。教师应积极创设问题情境，要求学生如对待考试一样认真独立地解决问题。当堂训练的独立性体现在教师不辅导、学生不抄袭，学生自主完成学习任务，以锻炼独立思考的能力。

练习要体现出一定的知识难度，能反映出能力培养的要求。教师根据不同能力水平的学生设定不同层次的练习，如必做题、选做题、思考题等题型，同时增强习题的趣味性与多样化，让学生在乐做过程中获得学习能力。当堂训练的好处在于及时反馈学生对新学知识的掌握情况，便于教师进行查漏补缺，有效促进学生的学习。当堂训练的目的有两方面：一是帮助学生深入巩固知识，娴熟掌握学法；二是减轻学生课后作业负担。在教师严格要求下，学生边练、边评、边明，实现"堂堂清、日日清、周周清"。在一些课改名校，如洋思中学、杜郎口中学，它们都积极提倡"不留作业"的做法。这并不意味着对学生放任自流，相反，鼓励学生读"闲书""杂书"，做"有意思"的事情。这很有助于拓展学生的知识面，培养学生的兴趣。

导学案例

变式习题　达标训练①

1. 如何用表顺序的连词表达乘坐多种交通工具？（出示图片，口头训练）
First···/next···/then···/finally···

2. 用英语对前后的同伴进行采访，提问下列问题并记录下回答。

（1）Where do you live?

（2）How do you go to school?

（3）How far is it from your home to your school?

---

① 佚名."先学后教，当堂训练"英语导学案例［EB/OL］.［2013-10-12］. http://www.doc88.com/p-781441080426.html.本文略有删改。

（4）How long does it take?

3．进行全班汇报。

根据记录的回答，用自己的语言把采访对象的情况进行全班汇报，特别注意乘坐多种交通工具的要用上表顺序的连词来表达。

4．同义句转换。（多媒体出示）

（1）He gets to school on foot every day. = He _____ to school every day.

（2）He rides to work on Mondays. = He goes to work _____ on Mondays.

"先学后教，当堂训练"英语导学的"当堂训练"习题，既保证了训练的质量，又具有多样性和趣味性。"用英语对前后的同伴进行采访，提问下列问题并记录下回答"，教师创设生活情境，为英语口语的训练提供"实战"机会。

"先学后教，当堂训练"的导学并非简单依据"自学—检测—矫正—练习"这一流程，而要视具体情况而进行，要考虑不同的科目、不同的教学内容等因素。如果教学内容比较单一，可以采取"一学一教，当堂训练"的模式；但对于复杂繁多的教学内容，教师便要分层次地进行多次自学、多次检测、多次练习的反复训练，即采取"多学多教，当堂训练"的模式。不管怎么样，课堂教学都离不开两条线：一条是放手让学生去学、去练的明线，它凸显出学生的主体地位；另一条是学生的自学离不开教师指导的暗线，它强调教师的指导作用。

四、对先学后教导学模式的思考

（一）发散思维与集中思维合一

导学设计是一种对导学内容的预设。设计导学方案时，教师要考虑到策略运用的有效性，如"怎样引导学生自学最有效""怎样引导学生进行问题的自我解决""怎样设计当堂训练习题""怎样才能最大限度地暴露学生可能存在的问题"等。选用导学策略要从发散思维着眼，从集中思维出发，力求导学策略适用、好用。

发散思维，是指大脑在思维时呈现的一种扩散状态的思维模式，它表现为思维视野广阔，思维呈现出多维发散状。基于发散思维的导学就是促进学生的思维沿着许多不同的方向扩展，产生多种可能答案，给创新提供保证。那么，具体来说如何发散思维呢？一是材料发散，以某个物品为思考"材料"，以其为发散点，设想它的多种用途；二是功能发散，从某事物的功能出发，构想出获得该功能的各种可能性；三是结构发散，以某事物的结构为发散点，设想出利用该结构的各种可能性；四是形态发散，以事物的形态为发散点，设想出利用某种形态的各种可能性；五是组合发散，以某事物为发散点，尽可能多地把它与别的事物组合成新事物；六是方法发散，以某种方法为发散点，设想出利用方法的各种可能性；七是因果发散，以某个事物发展的结果为发散点，推测出造成该结果的各种原因，或者由原因推测出可能产生的各种结果。①

集中思维，是指从已知的种种信息中产生一个结论，从现成的众多材料中寻找一个答案。集中思维就是鉴别、选择、加工的思维，因而也是创造性思维的一个要素。

创造性思维活动实际上是发散思维和集中思维有机结合、循环往复而构成的思维活动。其活动过程是：集中→发散→再集中→再发散，或是发散→集中→再发散→再集中。因此，设计导学案应秉持"让全部学生得到提升"的理念，尊重学生的个别差异。同时，教师要立足教材，关注重点，寻找发散思维和集中思维有机结合的最佳突破口，以激发学生的创造性思维。

（二）时效性与实效性合一

先学后教导学模式的具体操作是按照"自学—检测—矫正—练习"四个步骤进行的。在一节 40 或 45 分钟的课堂里，"学""教"和"练"的时间需要进行合理安排。基本上，先学和后教的环节要控制在 30 分钟以内，其中先学的时间至少要 15 分钟，用于简述教学目标、自学要求以及开展自主自学、小组讨论、质疑发问、成果展示等环节；而当堂训练不少于 15 分钟，以便学生巩固所学知识。

---

① 佚名. 发散思维[EB/OL]. [2013-10-12]. http://baike.baidu.com/link? url=8kr1OiXn86KilOhiQ326gGlzH4jjk1FeiN76ARmsd2eOtpobD3rjiCcUomK23h0g.

这是一种"集中学、集中教、集中练"的导学模式，但在运用过程中不能生搬硬套，应视学生情况和教学内容而灵活变通。例如，学生的疑难如果比较多，教师就需要多讲，否则便可少讲，以便为训练留有充足的时间。若要实现时间的有效性，最好的做法便是事先向学生说明学习步骤和学习要求，让学生心中有数，积极地自主学习。

教师要改变教学观念，将"课时"看作"学时"。这就要求教师的导学要有针对性。"讲"要有针对性，需要分清轻重，要以最简单、最直接的语言指导学生思考。教师可运用先进的教学设备辅助教学，减少不必要的语言描述、板书，以给学生构建知识意义提供更充足的时间。

（三）引导与评价有效合一

先学后教导学模式的创新性体现在对传统教学"教与评"方式的改变上。相对于传统教学重教少评的情况，先学后教导学模式更加关注引导与评价。导学的引导，有疑才引，可讲可不讲的尽量不讲，最多是对学生的解答进行补充、更正；导学的评价，坚持以鼓励为主，注重发挥评价的教育功能。

引导与评价有效合一，旨在引导学生开展讨论，激发学生的创造性思维；公正评价学生，培养学生的自信心，力求做到"打好基础、培养能力、发展智力"。

第二节　交流互动导学模式

一、交流互动导学模式的含义

交流互动导学模式是针对传统教育"重理论知识，轻实践技能"的弊端而设计的，旨在改善教师与学生的关系。传统的教学模式多按照苏联教育学家凯洛夫的"五环节课堂教学法"进行，即按照组织教学、复习旧知、讲解新课、课堂总结、布置作业五步组织教学。这一教学模式虽然能够使学生牢固地掌握知识，以高强度的手段锻炼学生的记忆力，但是忽略了学生能力的培养，禁锢了学生思维的发展，恶化了师生关系。交流互动导学模式重在培养学生能力，改善师生关系，重新定义教师在课堂中的位置。

著名教育家叶圣陶先生说："导者，多方设法使学生能逐渐自求得之，卒底于不待教师教授之谓也。"[1] 教师的作用在于引导启迪，使学生自奋其力、自致其力、自致其知，而不是教师滔滔地讲、学生默默地听。教师应是促进学生发展的组织者，而不是僵化传授知识的"填鸭者"。

荷兰教育家弗莱登塔尔认为："教育方法的核心是学生的再创造，每一个学生都可能在一定的指导下，通过实践获得这些知识。"[2] 学生的实践能力是在教师的指导下获得的，而实践的实质是学生进行自主性、创造性学习的结果。

根据教师的主导作用与学生的主体地位，我们可以将交流互动式导学定义为：在课堂教学活动中，教师以启发引导为主要手段，以师生之间、生生之间的讨论交流为学习方式，使学生积极自主学习，主动参与学习活动，达成开发创造性思维、培养学习能力的目标。这是一个开放平等、动态发展的教与学双向交流的活动。

二、交流互动导学模式的特点

在交流互动式导学中，教师、学生、课程、环境两两相互作用。师生交流、教学互动、自主组织、情知互动贯穿教学始终，此时课堂教学不再是单向（线性）的封闭系统，而是复杂（非线性）的开放系统。[3] 根据这些，我们将交流互动导学模式的特点归纳为主体交互、内容生成和评价激励。

（一）主体交互

长期以来，课堂教学以"注入"模式为主，教师的单项传输使学习者处于"你讲我听，知行不一"的尴尬位置，大大削弱了教育效果。很多时候，教师扮演严厉的督学者，缺乏与学生平等对话，从而致使师生关系陷入困境，这很不利于教学。主体交互要求摒弃教师权威，追求学生主体，力求教与学互动、师与生平等，从师生关系上改善课堂教学，建立和谐开放的交流平台，并有效促成教学目标。主体交互不仅是师生之间的教学相长，也是学生之间的竞争学习。

---

① 中央教育科学研究所. 叶圣陶语文教育论集[M]. 北京:教育科学出版社,1980:8.

② 转引自:孙德兴,谭羽非."交流互动式"课堂教学模式的研究与实践[J].黑龙江高教研究,2004(6):82.

③ 查有梁. 新教学模式之建构[M]. 南宁:广西教育出版社,2003:92.

（二）内容生成

在传统教学中，教学多依照教材进行，千万百计"防范"教学意外。教学虽然"顺利"了，但也失去了很多精彩。教师应该从"死"的教案中走出来，投入"活"的课堂导学中，让文本、教师、学生多向对话，促进学生深化情感体系，内化认知结构。内容生成依据学生的兴趣、经验和需要，在与环境的交互中进行动态调整，引导学生生动、活泼、主动地探究新知。教师要为学生创设良好氛围，关注、支持、引发学生主动探究，促进内容生成。

（三）评价激励

评价激励是指在师生的交流互动中，教师的评价能够激励学生进一步学习。教师的评价对学生具有监督和强化作用。研究表明，在一定的限度内，经常进行记录成绩的测验对学生的学习动机具有很大的激发作用，可以有效地推动课堂学习。因此，教师评价应着眼于学生的学习进步和动态发展，以激发学生积极参与学习活动，促成学生获得知、情、意、行的体验，提高教学效率。

三、交流互动导学模式的应用

（一）预习检测，协商交流

1. 预习检测

预习检测是一个发现问题，确定教学难点的重要过程。通过预习检测，教师可以发现学生在预习过程中遇到的问题，并以此作为交流的切入点，让学生带着问题进入自主学习。如果学生未能找出问题，即表明学生的学习未够深入，只停留在对教材的表面认识上。此时，教师可结合知识点联系生活经验，激发学生的学习动机，促进学生深入学习。

2. 协商交流

协商推进共识，交流产生交融。协商交流应避免无关痛痒地讨论，应直视问题，或"尖锐地批评"，或"激烈地争论"，目的在于在协商交流中达成共识，为深入学习提供建议。协商交流打破传统教学"教师猛讲，学生静听"的模式，鼓励参与、尊重对话、重视讨论、提倡博弈、讲求协商，让学生在协商交流中获得思考和自悟。

（二）多种形式，协同发展

1. 民主对话

在传统教学中，教师的讲授占课堂时间较大的比重。教师虽然在讲学的过程中会穿插问题，但若只是为了完成教学任务这样做，就未必切合学生的具体需要。照本宣科实则是对学生主体地位的漠视。民主对话要求教师转变教学观念，把"讲学"转化为"导学"，将单向讲授转为民主对话，让学生通过民主对话学会分析问题、解决问题。同时，教师要充分发挥引导的作用，引导学生深入认识含糊的内容，及时点拨具有歧义的问题，鼓励学生发表新颖的观点。

导学案例

巧用幽默①

师：这里的语言多美呀！你们能把老师读醉吗？

（第一位学生读得不错）

师：老师的脸有点红了。

（学生因教师的表扬笑了）

师：老师的头有点晕了。

（还是表扬）

师：嗯……农夫山泉有点甜。

（或许学生被这"美丽的批评"打动了，有两位学生站了起来）

师：好，你们一起来吧！

（他俩读得声情并茂）

师：哈哈，好……好……老师真的要醉了！

（学生会心地笑了。学生的热情变得高涨，很多学生都不自觉地站了起来，企图把教师读醉）

师：我……我……没醉……

（一位学生读后笑着说："老师您说没醉，可我感觉您已经醉了。"）

---

① 雷玲.听名师讲课·语文卷[M].南宁:广西教育出版社,2004:41.本文略有删改。

师：同学们，你们是怎样将老师读醉的呢？为什么这样就会把老师给读醉了呢？

（学生一个个将新鲜独特的见解表达出来）

这是一个气氛活跃的课堂，学生情不自禁地积极参与。教师以幽默的语言营造出民主对话的氛围，让学生畅所欲言，无所顾忌地将新鲜独特的见解表达出来。另外，教师及时地评价，是鼓励学生不断进行朗读尝试、积极参与学习的重要一环。民主对话不仅是一种导学形式，更是在每一种建议的协调、每一个问题的解决中，培育学生的创新精神。

2. 小组互动

小组互动一要选好话题，应从学生较为感兴趣的观点切入。一是，教师可结合生活经验设置一些具有可行性、趣味性的问题，让学生讨论，激发学生参与的积极性；二是要形式多样，如辩论赛、角色扮演等。辩论赛能够检验学生对知识的理解程度，培养学生的思辨能力。辩论赛所耗费的时间较多，对学生的要求较高，单靠学生可能难以完成。教师要做好引导，在辩论过程中启发学生深入思考，提高认识水平。

3. 学生讲课

学生为了讲好课，会自觉深入学习，查阅资料，积极性将大大提高。同时，其他学生要做好查漏补缺的准备，对讲课同学进行评议，提高听课的质量。

学生讲课的内容可以是针对一个问题进行讲解，也可以是对某个学习方法进行总结。学生讲课重在提升学生的独立思考能力、组织管理能力和协调沟通能力。

导 学 案 例

小组讨论　合作学习①

小组1代表：阅读《养花》如聆听一位爱养花的老人在跟自己叙谈家常。

组员补充：老人娓娓动听的讲述中一些偶发的议论又蕴含他独特的生活

---

① 刘才利,杨蔚.主体式对话教学:小学语文阅读教学的实践探索[M].重庆:重庆大学出版社,2008:143.本文略有删改。

情趣和生活态度，让人读罢情不自禁地对他肃然起敬。

小组 2 代表：摸着门道，花养活了，而且三年五载老活着，开花，多么有意思呀！不是乱吹，这就是知识呀！多些知识绝不是坏事。养活了花草，并"开花"了，这给老人带来多大的乐趣呀。但更令老人感到欣慰的是"摸着了门道"，从获得新知识中体验到了乐趣。这是一个年过半百的老人的心声，确实令人钦佩。

组员补充：老人从几百盆花的搬进搬出，从一次次的"腰酸背痛，热汗直流"中，我感到老人劳动的辛苦与紧张，同时也感受到老人经历激烈的"抢救花草"行动后那种发自内心的喜悦与满足。于是我在读"腰酸背痛，热汗直流"时多了份苦中有乐之感。

生 3："当然也有伤心的时候"，是不是可以不要了？

其他学生：（争先恐后）不，如果这样我们将会感到虚假。生活就是生活，酸、甜、苦、辣什么滋味都有。再说，老舍爷爷因为亲自养花才有此感慨，不劳动他还不能感受到呢！

……

这是学生充分阅读《养花》（老舍）课文后的小组讨论。学生先自主学习，然后小组讨论，相互交流，深入理解课文。在小组交流中，学生畅所欲言，思维火花不时闪现，加强了对"养花"的理解，获得了情感、态度与价值观的体验。

（三）当堂小结，检测反馈

1. 当堂小结

课堂小结的目的是概括总结所学内容，把凌乱的教学内容进行有条理的整合，将其系统纳入学生的认知结构中。交流互动式导学重在培养学生的口头表达与独立思考能力。面对学生开放式的答案，教师要通过归纳总结，帮助学生建构知识。小结要突出学习重点，建立知识系统，总结学习方法，使学生获得系统的知识。同时，课堂小结也是查漏补缺的过程。在知识整理过程中，教师主张学生提出疑惑并及时解疑。最好是通过分析具体例子，帮助学生巩固新知，把教法与学法结合起来，真正做到"教是为了不教"。

2．评价反馈

评价是依据学习目标对学习过程及结果进行价值判断，包括对学习进程的评价和对学生成绩的评价。评价的方式主要有测验、征答、提问、作业检查等。课后小结应对学生的表现给予反馈，比如，表扬学生积极学习，肯定学生思维创新，鼓励学生活跃提问，等等。其目的是激发学生的学习动机，增强学生的学习信心。

四、对交流互动导学模式的思考

（一）教师设疑与学生质疑相结合

师生之间的交流主要建立在对问题的共同研讨上，师生以研讨的方式获得分析问题、解决问题的方法。

教师设疑，一是激发学生的学习动机，引导学生深入探究，二是激发学生的创新思维。教师设疑，应多从学生的角度考虑，多做预想，预想学生难以理解的地方，减少教学内容的重复讲解，提高教学效率。

相对教师的设疑，学生则可质疑。学生质疑，一是存疑，二是有据，即利用证据，对教师提出的设想、答案逐一质疑，分析其是否具有合理性和科学性。学生质疑，将会产生更多的设想和方法，这是对创新思维的一种激发。

无论是教师设疑，还是学生质疑，都是一种交流互动，是师生的共同研究和讨论。

（二）教师引导与学生探究相结合

课堂导学是一个动态生成的过程。预设的导学内容、导学程序在实际操作中都可能产生偏离。这种情况下需要教师的正确引导。

教师要发挥好引导者的重要作用。当学生的思维方向不对时，教师要引导学生调整思维方向；当学生的想法不全面时，教师要引导学生拓宽思维范围；当学生的观点不正确时，教师要及时纠正点拨。教师引导不能面面俱到，要抓住突破点，将学生的创新性观点融入互动中，让学生以辩论的形式相互说服，以加深学生对知识的理解，提高创新能力。

探究性学习是新课程倡导的一种学习方式，运用探究性学习方法能让学生从探究中主动获取知识、应用知识、解决问题。但并不是所有的问题都适合探究性学习模式，我们应该根据学生的认知基础选择是否用这种学习方法，这样才能达到真正意义上的探究。^① 学生探究应从多层面进行，包括：观察；提出问题；通过浏览书籍和其他信息资源发现什么是已经知道的结论，制订调查研究计划；根据实验证据对已有的结论做出评价；用工具收集、分析、解释数据；提出解答、解释和预测；提出交流结果。^② 学生探究应成为发展创新思维、形成正确观念的重要方式。

无论是教师引导，还是学生探究，都是一种交流互动，是师生的共同研究和讨论。

（三）教师主导与学生主体相结合

教师主导是指以教师为主对学生向某方面学习进行的引导，包括思维形式、所要探究的问题和学习内容。无论是讲解、引导，还是点拨、评价，教师都应是"低姿态"的，应放下"权威"，拾起"童真"，以温和的语言进行引导，让学生"在尊重中学会尊重，在欣赏中学会欣赏"。

学生主体是指在教师的指导下，学生历经发现问题、分析问题、解决问题、获得知识的几个阶段，体验整个研究过程。在这一过程中，学生锻炼了自己的观察能力、思考能力、实践能力以及创新意识。无论是自学、实践，还是讨论、归纳，无论是讨论和交流，还是进一步澄清事实、发现新的问题、对问题进行更深入的研究，学生都拥有主动权。

无论是教师主导，还是学生主体，都是一种交流互动，是师生的共同研究和讨论。

第三节　自探共研导学模式

一、自探共研导学模式的含义

自探共研导学模式是对传统教学模式的改革。传统教学具有一定的片面性和被动性。其片面性主要表现为：重学科知识的教学，轻实践能力的培养；重考试学科的学习，轻艺术类学科的学习；重点关注少数的尖子生，忽视大

---

① 花朝群. 关于学生认知基础上的探究性学习[EB/OL]. [2013-10-12]. http://jy. 100xuexi. com/view/otdetail/20121229/f2b37959-f083-44c5-ad3a-a1610fd2e8e4. html.

② National Research Council. The National Science Education Standards[M]. Washington：National Academy Press，1996：23.

多数学生，甚至无视学困生。传统教学的被动性则主要表现为：以"满堂灌"代替知识讲授，忽略学生的疑难，将学生置于被动地位。传统教学的片面性和被动性的结果就是，课堂气氛难以活跃，所学知识难以内化。

自探共研导学模式是针对传统教学模式的弊端而创新的一种导学模式。自探共研导学模式以"教师为主导，学生为主体"的思想为指导，从"重讲、多听、少论"转变为"多议论、多思考、重点拨指导、少知识灌输"，以自主学习为主要学习方式，以共同探究为活动中心，着力提高学生的实践能力和创新精神。

自探共研导学模式一反传统教学"一灌到底"的弊端，在巩固基础知识的同时，更加关注学生实践能力和创新意识的培养，从而有利于真正达成素质教育的要求。

二、自探共研导学模式的原则

（一）双主性原则

教学是一个"传递—接受"的过程。在传统教学中，教师以讲解、板书、教具应用等教学方法和手段将知识传递给学生。在这个过程中，学生被动地接受教师传输的知识。这是以教师为中心的教学课堂。在新课程理念下，教学以学生为中心，即学生掌控课堂，自主学习。在这一过程中，学生参与度的高低成为教学成功与否的关键。前者过于死板，后者过于活跃，都具有片面性。双主性原则是指课堂教学既不能全以学生为中心，也不能全以教师为中心，而是在教师的主导下，学生自主学习，获得知识，形成能力。双主性原则将"学生中心"与"教师中心"的长处结合起来，具有一定的科学意义。

（二）生成性原则

教学生成性资源是在教学活动中动态生成的，是一种过程性资源。生成性资源的合理利用有利于促进学生的"自我否定"过程的产生，促使学生认知结构的重新建构，进而对学生多方面能力的提升起到很大的促进作用。[①] 自探共研导学模式作为一种开放性模式，不时会出现"无序"的状态，这为课堂带来许多不确定因素。因此，教师作为学生学习活动的组织者以及课堂信息的重组者，应能够及时捕捉、判断、重组学生的各类信息，把有价值的新

① 刘朋.教学生成性资源形成机制分析[J].科教文汇,2012(7):29、42.

信息和新问题抛出，使之成为导学的亮点；相反，对于价值不大的信息和问题，要及时地删除和处理，使课堂教学回到预设和有效的轨道上来，以保证教学的正确方向。

（三）及时反馈性原则

及时反馈是对导学效果的一种检测方法，是对学生学习的一种了解方式，也是一个查漏补缺的过程。在学生自主学习、主动参与、合作探究、优化发展等活动过程中，教师如果给予有针对性、激励性的评价，将有助于学生深化知识结构，获得实践能力。

三、自探共研导学模式的应用

（一）定向——明确目标，任务驱动

1. 明确目标

明确目标有利于学生为自主学习做好准备工作。确定学习目标的目的是为了让学生进行有效的自学，在自学中获得学习满足感，提高学习积极性，提高思考能力。学习目标的设置要有梯度，达成要有多维性。这既能保证每位学生都能获得解决问题的成功感，又有利于培养学生的发散思维。

2. 任务驱动

学生的学习基于学习任务，他们在强烈的求知欲驱动下，通过对学习资源的积极主动应用，进行自主探索，并在完成既定任务的同时又产生新的任务。就学习任务而言，任务是导引，是问题的体现；就学习内容而言，任务是要求，是认知的构建。这样，学生就能通过完成任务达到掌握所学知识的目的，提高思维能力，完成意义构建，形成新的认知结构。应该说，每一个学生都能够从任务驱动中获得动力，加深认知。

（二）呈现——分层指导，开放话题

1. 分层指导

分层指导就是教师根据学生现有的知识、能力和潜力把学生科学地分成几组水平相近的群体，教师根据不同群体的实际水平进行导学。教师应针对学生的个体差异进行指导，满足学生的不同学习需求。分层指导要给学生一定的自学时间，以多种形式触发学生思考，如实验操作、感性材料学习、小组问题讨论等，让学生通过自探共研完成学习任务。苏霍姆林斯基指出："教

育的理想是不要让任何一个在智力方面没有受过训练的人进入生活。愚蠢的人对于社会是危险的，不管他们受过哪一级的教育。"教师有必要从学生的实际出发，既遵循教学的规律和原则，又不能按一个模式、一个标准、一种方法来教学，同时摆正整体性和差异性的关系，坚持尊重学生个性，因材施教，让不同学习层次的学生各有所得。①

2. 开放话题

话题既可以是条件性开放，也可以是策略性开放；既可以是结论性开放，也可以是综合性开放。由于自探共研导学模式提出的问题一般只给出一定的情境，其条件、解题策略和结论都要求学生自行设定和寻找，问题没有固定的答案，或者没有充足的条件，这就给学生提供了思维空间和创新思维发展的机会。可以说，话题作为自探共研导学的载体，是多种学科知识的集中呈现。从内容来说，具有丰富性，除了自然，也有人文；从形式来说，具有多样性，既可文字表达，也可实物呈现。自探共研导学模式设置问题的答案是没有标准、或者条件不完备、或者条件多余而需选择的，学生在探讨过程中常能打破常规，潜能得到最大挖掘。

（三）内化——交流探讨，归纳总结

1. 交流探讨

交流探讨是指把自己的思想提供给对方，相互沟通、探索、研究、讨论。交流探讨什么？从哪几个方面进行？确定学习主题是交流探讨的关键。比如，为什么说《水浒传》并不是一般的英雄传奇，而是以传统的"侠义"形式和手法来表现作者长期郁积于心的"感时政衰败"之情和对当时社会的抗争？教师可以与学生进行商讨。对于学生来说，可以自由地选择合适的学伴作为自己交流探讨的对象。教师要求每个学生向教师汇报活动情况，便于教师了解学生交流探讨的进展。

2. 归纳总结

教师通过学生小组讨论、成果汇报、师生交流互动等多项研讨活动，对学生自探的知识结论进行归纳总结。

---

① 应永平.分层教学探讨[EB/OL].[2012-12-05].http://www.pep.com.cn/xgjy/jyyj/llqy/jxts/201212/t20121205_1145929.htm.

导学案例

中国的疆域①

组1生2：大家好，请大家看屏幕，我将展示四幅照片，请大家说出它们分别是我国东南西北四个端点中的哪个？

组3生1：最东是黑龙江与乌苏里江主航道中心线相交处，最南是南沙群岛的曾母暗沙，最西是在帕米尔高原上，最北是在黑龙江省漠河县以北的黑龙江主航道中心线上。

组4生1：（举手质疑）请问什么是主航道？

组1生2：我不知道。

师：××同学问了一个很好的问题，不过这是比较复杂的地理知识。简单地说，主航道就是一条河流可以给船进行航行的航线，这不是我们今天研究问题的重点。有兴趣的同学可以在课外找资料。请第一小组继续展示。

组1生3：下面请大家看屏幕（展示中国地图），有哪位同学能够到台前为大家指出我国的四大领海和两大岛屿？

（学生们通过预习很容易就能把问题展示清楚，通过地图展示可使学生加深对四大领海及两大岛屿的地理位置的记忆）

小组合作交流学习是"自探共研"的重要学习形式，也是最能体现学生主体性的学习方式。学生经过自探环节的学习，对教学内容已有初步的理解；同时，共研环节为教师帮助学生解决疑难提供时机。学生可以针对小组汇报的内容提出疑问，或提出自己不同的看法，请其他同学或教师给予解答和评价。在自探共研过程中有一个小插曲，一个学生提出了一个与教学内容联系不大的问题，其他学生无法回答，但教师并没有忽略，而是做出解答。这体现出教师在自探共研过程中一直发挥着引导、启发、组织的作用。

内化是对"自探共研"的总结，学生将原来内在的逻辑思维与新的知识结合起来，使新的知识融合在已有知识系统中。内化使学生在知识迁移中获

---

① 罗楚春.先学后研教学模式与松坪学校[M].武汉：华中师范大学出版社，2012：169.本文略有删改。

得更深入的认知，有效整合学生的知识结构。

（四）发展——自主探究，鼓励实践

1. 应用提高

自探共研导学模式极具自主性。学生可以按具体情况自主地确定学习的内容、目标、方式、进度、广度和深度，从而使主体地位得到保证，并以更多的个人创意将自己的思考个性化。这个思考可以是纯粹个人的看法，也可以是对某一共同领域内由一群人集体讨论的问题的看法。总之，每一个人都可以自由表达自己对问题的思考，交流自己的学习心得。此外，由于"共研"是一个"共同体"，一个人的活动往往是在"众目睽睽"下进行的，因此，学生在学习过程中对认知活动就会加强自我临控，并做出相应的调适。就一个具体问题而言，一般需要经过学生自我评价、学生之间的互评、教师的点评这三个环节。评价的时候，学生一般会考虑到其他同学的观点，这样就能够在评价中进行借鉴，进一步提高学习水平；而教师则通过发布一些需要学生经过思考才能解决的研究性问题，引导学生进一步思考。这样的交流虽然是即时性的，但是可以强化具有不同个性、能力及自信心的学生的自主性。学生在解答问题的时候，往往需要经历先思考再决定的思维活动过程，因此，这种交流的深入程度显然与被动学习的效果是大不一样的。

2. 鼓励实践

这是一个举一反三、触类旁通的知识迁移过程。教师鼓励学生将自主探究所得的新知识、新方法应用到练习中。练习要贴合社会生活，让学生在实践应用中习得解决实际问题的方法，促进学生知识迁移。练习设计要有综合性、启发性与层次性，既要考虑到学困生的水平，又要引导优秀生深入思考。在指导学生解疑的过程中，教师要注意进行评价反馈，给予学生一定的关注评价，激励学生自主学习，增强自信心。

自探共研导学模式并非适用于所有的课堂教学，不同科目都有着自身特色与教学内容。教学模式的应用并非生搬硬套，而是灵活使用。自探共研导学模式要结合教学内容、学生的实际情况等因素，科学应用。如语文科目的拼音教学，重点是教会学生认读音节，这就不适合使用自探共研导学模式，反而传统的教学模式更有助于学生对拼音的学习。

四、对自探共研导学模式的思考

自探共研导学模式在教学应用中需注意以下问题。

（一）任务驱动问题

1. 预定目标

预先确定学习目标，学生可以从教师方面得到帮助，包括使用描述性语言对所预定的目标有一个明确的介绍、要求，并对其进行计划编制。目标要体现层次性和系统性。如果目标的确定是空泛的，甚至是模糊的，那么预定的任务就很难完成。

2. 分配角色

自探共研导学模式的分配角色，目的在于确保自探共研导学的顺利进行。角色设置与分配尽管琐碎，但对于自探共研导学的完成是十分重要的。一个合理、具体、周密的角色设置与分配，能确保学习任务顺利完成，反之，将难以实现预期的学习目标。

3. 成果展示

成果展示的形式可以是小型学术论文、欣赏评论文字，也可以是读后感、随想。分组汇报，各小组发表自己小组的主要讨论结果，并回答同学、老师的提问。最后撰写一份自探共研导学报告。

（二）自主探究问题

1. 确定探究目标

探究目标是学生选择研究方法并进行研究的依据。学生确定研究目标主要有以下几种：一是以完成预期任务为目标，二是以提高思维能力为目标，三是以解释和预测为目标。

2. 实施探究策略

（1）个性化探究

个性化研究策略是指利用群体互动性的特征，根据他人对话题的创新性、价值性等方面的建议，来确定自探共研导学的一种策略。学生可根据自身具体情况结合他人的建议来制订出最切合的研究方案。

（2）标新立异探究

学生应对涉及的话题进行多方面考虑，比如：该话题他人是否已涉及？

如果已有涉及，那么探究的程度是否足够深入？在此情况下，对于能标新立异的学生来说，自探共研导学就较有价值和意义，反之，价值和意义则低一些。

（3）**热点问题探究**

针对当前关注的问题，学生在确定研究话题时，可以人们的需求量为标准，给予不同的关注。需求量越大，研究越应深入。

（三）协作学习问题

1. 协作学习的要素

学生借助他人（包括教师和学习伙伴）的帮助，实现师生或生生之间的双向互动，并利用必要的共享学习资料，充分发挥其主动性和积极性，进行意义建构，获得事物的性质、规律以及事物之间的内在联系。协作学习强调学生的创造性、自主性和互动性。协作学习包含教师、学伴、教学资源、探讨环境等四个基本要素。[①]

2. 协作策略的选择

（1）直接协作与间接协作的选择

直接协作，是指求助者直接从教师或学伴获得帮助的活动。间接协作，是指把问题通过交流传递给教师或学伴并获得帮助的活动。

（2）同步合作与异步合作的选择

采用同步合作的条件：一是有理想的共研环境能为群组提供活动空间，成员思维活跃；二是有探究问题的可行性，如交流的方式等；三是具有民主和谐的氛围。

采用异步合作的条件：一是有理想的网络环境，即 Blog 能提供群组活动的空间，成员思维活跃；二是即时显示探究问题，如 Blog 传输的速率，Blog 资讯的明确等；三是学生有熟练的网络通信技术。

此外，教师应注意指导学生进行自我评价与反思。在"共研"的同时，教师要对"自探"的过程进行评价总结，对解决问题的方法、讨论的模式、学生之间的交流互动等情况进行评价反思，使学生在反思中完善"自探共研"策略，提高学生的"自探共研"效率，促进学生的创新思维发展。

---

① 赵建华,李克东.信息技术环境下基于协作学习的教学设计[J].电化教育研究,2000(4):7-13.

第四节　主体探究导学模式

一、主体探究导学模式的含义

主体探究是新课程理念下的一种导学模式，是指教师在课前设立学习内容及学习目标，设置具有探究性和挑战性的任务，引导学生通过资源搜集、信息整合、讨论共享、归纳总结、自由展示评价等学习环节，获得新知，发展思维。主体探究导学模式适用于中长期的课题研究，如小学语文教材中"综合性学习"板块。

在主体探究导学模式中，学生通过交流合作掌握知识，形成技能，培养情感；教师则在学生自学、交流、反思中给予点拨，细化学生的知识条理，深化学生自学的成果，构建学生的知识体系。

主体探究导学模式实质是以"双主"形式进行导学的，既要求教师发挥主导作用进行导学，又要求突出学生主体地位进行探究性学习。这是新课程理念下教学模式的一大改革。

二、主体探究导学模式的原则

（一）"双主"原则

"双主"分别是指教师的主导和学生的主体。

从分工上说，两者的角色都已发生转变。学生从"知识的接受者"转变为"课堂的探究者"，教师从"知识的传输者"转变为"课堂的引导者"。教师调动学生的积极性，引导学生有效学习。从合作上说，学、导双方应是相互配合的。学生在教师的引导下，开展探究活动。教师在学生的质疑中，进行点拨指导。

"双主"原则要求在导学过程中要有民主性，既要有师生之间的平等对话，又要有生生之间的交流合作，这样才能营造出和谐的教学氛围，从而激发学生进行探究性学习。

（二）开放原则

主体探究导学模式摒弃"以知识为中心"的传统观念，关注学生的全面发展。这里的探究并非是指科学意义上的探索研究，而是一种积极的学习过程，即让学生尝试思考些什么、做些什么。这种探究并不追求知识的系统性和深入性，而是着重于对学生学习动机的激发和强化，突出培养学生的创新性思维和实践能力，以促进学生的全面发展。开放原则要求学生进行思维碰撞，在对同一问题的探究中寻找多种不同的解决方法。这有助于打破"每个问题仅有一个标准答案"或"问题中的所有信息都有效"的狭隘思想，从而达到开拓思维、激发创新的目标。从知识讲解、逻辑演绎转变为问题探究、合作交流，这是一个开放的导学过程，这不仅能促进师生交流合作，还能促进学生团结协作，使学生的认知水平与情感体验都能得到提升。

（三）激励原则

主体探究导学模式以学生的自学探究为主。这需要教师对学生进行积极评价，以激励学生深入探究。教师的评价关注的不应是学习的结果，而应是学习的过程，即学生的智力、技能和情感发展的过程。

三、主体探究导学模式的应用

完整的主体探究导学模式通常由六大模块构成：导言、任务、过程、资源、评价、结语。因此，主体探究导学模式是按"导言—任务—过程—资源—评价—结语"进行实施的，其中，"过程"与"资源"是一个环节的两个方面。

（一）导言——探究的背景

这部分主要提供背景信息和动机因素，目的是要让学习者了解学习目标，提高学习者的学习兴趣。主体探究导学模式可以帮助学习者理解学习内容的重点、难点，以及各个知识点之间的相互关系，从而建立起知识体系。主体探究导学模式通过这些方式来完成学习过程中的第一个环节。

（二）任务——探究的导向

这部分主要阐明学生在完成探究性学习时要达到什么样的结果。教师在整合了探究内容后给学生设定一项任务，这一任务应该是可行的、有趣的，并具有一定的挑战性。

1. 任务设计的原则

俗语说：一千个读者有一千个哈姆雷特。人的个体差异，形成了世界的千变万化。任务的设计也应体现出不同程度或不同趣味的挑战，以促进不同阶段的学生开展有效果的探究，从而步步深入地进行知识内化。对此，主体探究导学模式的任务设计应遵循以下原则。

（1）可行性原则

①可理解。任务各因素必须为学生所理解，如果不能为学生所理解，就需要提供一种替代途径，使学生可以通对一种熟悉的途径理解任务的内容。

②可达到。促进学生的高级思维是探究性学习的核心，任务内容要满足学生的学习需要，因此任务内容必须可以被学生所掌握。学生可以用诸如交流、合作、咨询之类的方式，通过激活已有的经验，习得在此之前不可理解的内容。应该注意的是，经验的丰富程度会影响任务达成的效果。当一个任务被大大提高，那么学生达到该目标的几率就大大降低了。可达到的效果也同任务的要求与设计有关，过于复杂的任务会影响达到的效果。

③可控制。探究任务的流程可以被学生控制，如果确实无法被学生控制，那么，就要用能被学生理解的方式提示学生。

（2）自主性原则

在设计探究任务时，要注意让学生在探究性学习过程中对探究的内容、程序、对象具有支配、调节和控制的可能，比如学习方式、学习内容、成果展示形式、协作交流方法，这些环节要让学生有可选择的自由。学生在探究性学习过程中往往受任务内在动机的驱动，追求最大程度地激发自身潜能。因此，只有满足学生的"成就感"，学生才能有更多的内驱力促使自己去质疑、去探究、去发现，并能够做出正确的自我评价及进行自我教育。

对于任何一个任务来说，学生亲身参与、亲身体验、形成能力是出发点，也是着眼点，否则，任务将无任何意义。

（3）生活性原则

密切联系有意义的学习、生活情境，通过完成任务来学习知识、获得技能、形成能力、内化理论，让学生将学习到的知识真正运用到解决生活实际问题之中，给学生创设学以致用的学习情境，更利于调动学生学习的积极性。学科之间进行有机整合，尽可能多地联系生活实际来设计任务。

任务设计应充满生活特性。其中，每个小组成员都可以在他们特定的任务中，以熟悉的方式来获得资料，以摘要的形式做好记录，以便提供给其他成员使用。

2. 任务设计的步骤

（1）预定目标

预定目标是学生希望达到的理想目标，它体现了学生探究的主观愿望。教师作为一个探究性学习的指导者，在任务设计环节，首先考虑的问题是要达到什么目标。预先确定学习目标，教师可以从各个方面，包括使用描述性语言，对所预定的目标有一个明确的要求。如果目标的确定是空泛的，甚至是模糊的，那么预定的任务就很难完成。在探究性学习的准备阶段，必须对预定的学习目标做出详细的说明，而这种说明应是具体的、准确的，不能含糊不清，要科学地体现目标的层次性和系统性。探究性学习区别于其他学习活动的核心思想就是：探究性学习提供一些有趣的、可行的任务，从而促进学生高级思维能力的发展。可以说，促进学生高级思维能力的发展是探究性学习的预定目标。

（2）分配角色

角色设置与分配尽管琐碎、具体，但对于学习任务的完成是十分重要的。一个合理、具体、周密的角色设置与分配，能确保学习任务顺利完成；相反，一个很粗糙的角色设置与分配，往往会使探究在实施过程中漏洞百出，十分被动，也难以实现预期的学习目标。

一个详细、周密的角色设置与分配，至少应包括以下两个方面内容。一是各个角色实施探究性学习的目标、准备和策略。这是探究性学习过程的重点，因为只有具备这些内容的探究性学习，才称得上是具备了角色分配的条件。二是对每个角色的学习结果进行分析与评估。探究性学习的结果受制于角色的方法、策略及其之间的协作，分配角色任务时，应考虑到每一个角色的有利与不利因素，并对各个角色的学习结果进行分析和评估。

（三）过程——探究的导引

这一部分描述的是学生完成任务所需要经过的步骤。教师将学生所要完成的任务分解成循序渐进的若干步骤，并就每个步骤向学生提出简明的建议，其中包括将总任务分成若干子任务的策略。如果是长期活动，最好每一个阶段都有教师或学生示范。为了帮助学生顺利完成任务，搭建"脚手架"是教师的重要任务。

1. 实施过程

（1）确定分工

根据任务的不同确定成员的分工，比如有的成员收集资料。

（2）收集资料

通过网络或实地收集探究资料，进行讨论，并提出小组或个人的初步看法。

（3）分析资料

寻找相应的资料验证自己的初步假设。

（4）展示成果

根据分析结果，完成探究报告。

2. 过程设计

（1）分析

主要包括学生内驱需求分析、学习情境分析、探究任务分析。这三者可以说是相辅相成的。对于一个较为艰巨的任务而言，必然要有对学生需求的分析内容。其中，学生内驱需求是重要的组成部分，好的探究性学习的过程设计是建立在对学生充分了解之上的。对于大部分教师而言，也许没有时间和精力去调查学生过去的协作模式，但是对于探究性学习的指导者而言，在过程设计的时候一定要站在学生角度思考：如果我是学习者，这里我会需要什么？我能达到什么？

（2）方式

探究性学习着重于协作与实践，因此必然要对学生的学习情境进行设计。任务是协作要达到的目标，学生所做的就是对任务的认识以及掌握任务内置的核心，因此要面向任务设计情境。探究性学习面对的任务往往是综合性的，因此需要进行分配角色，这样才能有效地完成任务。

（四）资源——探究的信息

这部分是指学生完成任务所需要的信息资料，一般是由教师选定的有助于学生完成任务的资料清单。资源包括纸质资源与非纸质资源。纸质资源除了教师预先准备的部分外，大部分是指在导学案中作为超链接的信息。非纸质资源可以是音频、视频、模型和雕塑，还可以是专题讲座、小组教学、实地考察等方法。

信息时代，资料的获取已经从传统媒介的单一形式发展到网络媒介的多元体系。多形式、数字化、海量化的网络资源为探究性学习提供了便利的条件。开展探究性学习必须拥有丰富的文献资料。

1. 资源的类别

我们按价值大小划分，可以把学习资源依次分为核心资源、相关资源、泛在资源。资源价值构成是学生选择资料的依据，也是学生预定任务的基础。探究性学习的准备阶段要研究的核心问题就是分析资料的价值所在，可用性资源有多大，范围有多大，并由此决定是否链接，或者如果链接，这些资料应处于什么地位。如果教师不想因盲目链接资料而给学生造成不良的后果，就应重视对学习资源价值构成的分析。

2. 资源的特点

（1）学习资源具有存在性

学习资源的存在性，就是确认某个学习资源存在的状态、位置、方式。学习资源的存在性集中体现在学习资源与现实学习任务的一一对应关系是否建立。学习资源的清点、核查、筛选，就是了解学习资源的存在性。在探究性学习中，需要衡量学生选择的学习资源是否有存在性，以确认是否进行了有效学习。效果衡量时要注意以下问题：一是明确学习资源在学习任务探究中是否被利用并对学习资源产生的效果进行确认和评估；二是学习资源确认后，其效果会因实施水平、个人努力等原因出现变化，效益评估也须相应变动。

（2）学习资源具有可用性

学习资源的可用性表现在某一学习资源能否承载学习任务。学习资源选择的目的之一就是提高探究性学习的有效性。学习资源的选择可以作为教师对学生指导的一项责任。这是因为：其一，学生在进行探究之前，教师已根据学习目标为其预设了学习任务，事实上已经将其看成一种达成目标；其二，从导与学关系来看，教师与学生构成互动关系，这是一种双边活动，两者缺一不可。

（3）学习资源具有动态性

学习资源的动态性体现在随着现实的变化，它自身也会有及时与准确的变动。为了使学习资源的存在及使用状态能及时反映到资源的变化上，需要建立相应的调度流程和组织管理模式。

在探究性学习过程中，学生需要有明确的学习任务，并根据学习任务对学习资源做出选择，否则就难以达到预定目标。学习资源的选择应尽可能从两方面进行考虑：一是所拥有的学习资源，二是需要的学习资源。基于此，教师与学生均需要明白学习资源的特点。

（五）评价——探究的反馈

每一项探究性学习都需要有一套评价标准对学习者的活动进行评价。标准必须是有效的、公正的、清晰的、一致的，并且适合特定任务。评价一般有三个方面：个别研究工作的评价、小组研讨工作的评价和小组汇报评价。探究性学习主要采用评价量表来考察学生学习的不同方面，倾向鼓励性。即使学生还没有达到要求，也应该用诸如"发展中""下次再做"之类的评语。评价人员既可以是教师，也可以是家长或同学。

（六）结语——探究的总结

这是学生进行反思、教师进行总结的阶段。在这一部分，教师应该鼓励学生提出一些不同的解决问题的方法。为总结学习内容和经验，应鼓励学生对整个学习过程进行反思，并对学习成果进行拓展和推广。

四、对主体探究导学模式的思考

（一）以学定导

以学定导，是主体探究导学模式的核心与关键。以学定导要求教师的"导"要从教学内容、教学目标、教学重点、教学难点、课程安排和教学手段等方面进行思考，既要关注学生主体的学习，也要把握好教学内容的要求。在主体探究导学模式中，无论是知识的积累、能力的培养或各个方面的素质教育，都要取决于学生的自学感悟、体验和实践。对此，教师在导学设计中，不仅要备教材、备课时、备课标，还要备学生，要对学生的整体认知水平、学习态度、可接受程度等方面进行具体分析，预设问题，预设结果，优化导学设计，以提高导学效率。教师要转变教学观念，将"主讲"地位让出，转变为"主导者"，让学生成为课堂的主人，自主完成学习任务。

（二）因材施导

主体探究导学模式要突显的是学生的主体性，坚持让所有学生包括学困生都能得到发展。在导学方法设置上，教师要从学生的心理特征和不同学情出发，尽可能地发展学生的思维。当导学方法和策略运用不当时，就容易出现两个极端，即优秀生更优，学困生更落后，这并不符合全体学生共同发展的要求。因此，主体探究导学模式要关注学生的要求。教师由浅入深地进行导学，促进学生之间交流、互动、合作。合理搭配小组成员，优差结合，发挥"兵帮兵""以优带差"的作用。同时，导学方法要尽量多样化，如辩论赛、角色扮演、学生讲课、实验操作等，增强学生的参与度，促进学生全面发展。教师要给予学生即时反馈，对于学困生，尽量多用激励性评价，提高他们的自信心；而对于优秀生，要更多地引导他们的思考方向，促使他们深入思考。

（三）以情境引导

教学情境是指教师在教学过程中创设的情感氛围。一方面，教学情境能够有效地激发、保持、提高学生的学习兴趣，降低学生学习的疲劳程度，使学生积极地参与教学活动；另一方面，教学情境能够缩短教师、教学内容与学生的实际经验、接受能力之间的距离，降低教学难度，便于学生准确、快捷地感知、理解、运用教学内容，对于提高课堂教学效率、培养学生的创新精神和实践能力，有着积极意义。主体探究导学模式应该借用现代教育技术，创设生动形象的教学情境，有效地刺激和激发学生的想象和联想，使学生超越个人狭隘的经验范围和时间、空间的限制，既让学生获得更多的知识、掌握更多的事物，又启发学生思维、开发学生智力。

第五节　任务驱动导学模式

一、任务驱动导学模式的内涵

任务驱动导学模式是建构主义理论在教育学中的一种实践，被广泛应用于英语、计算机等注重交流合作与操作性强的学科的教学中。建构主义学习理论强调，学生的学习活动必须与任务或问题相结合，以探究问题来引导和维持学习者的学习兴趣和动机，创建真实的学习环境，让学生带着真实的任务进行学习。

根据建构主义学习理论，我们可以将"任务驱动学习"定义为：教师在教学过程中设置学习任务，将新知识隐含在一个或几个任务中，由学生对任务进行分析讨论，继而学习新知识并找出重点、难点的学习活动。相应地，任务驱动导学模式是指学生在任务强烈驱动和教师指导帮助下，共同围绕一个任务进行自主探究和协作学习，完成学习任务和建构知识意义的活动。任务驱动导学模式以完成任务为主线，以学生为主体，以教师为主导，着重培养学生的实践能力和创新精神，促进学生的全面发展。

二、任务驱动导学模式的特点

（一）交互模式系统化

交互性是指教师与学生之间、学生与学生之间交流的互动方式，但同时也是独立性与集体性的统一，其精髓既不是分摊任务，也不是互相"借用"，而是互相促进，是以共同体的视角、个性化的思维，整合集体智慧，进行思维碰撞，以实现知识的最大化，使其具有更高的共享价值。任务驱动学习相比其他学习活动，最显著的优势在于拥有一个相对稳定的交互模式。目前，任务驱动学习包括协作与共享两种交互模式，但从本质来看区别不大。理想化的任务驱动学习的交互模式应该由问题系统、检索系统、知识库系统、群组系统和交流系统组成。学生通过问题系统提出问题，通过检索系统在知识库系统中查找匹配的答案，或通过群组系统提交问题，请大家共同讨论，最后通过交流系统协商完成知识的获取。

（二）解决问题激励化

在合作中，学生的个人知识和能力能够体现价值。任务驱动学习的价值主要以分值形式体现。获得受助者的赞扬越多，获得大家的认可越多，分值就越高。学生的知识和能力可以体现价值，但不意味着一定能够获得他人的赞赏。是否获得赞赏，取决于其知识和能力的含金量。可以说，含金量越大，获得赞赏就越多。激发学生高水平思维，是任务驱动学习的重要追求。

（三）探究问题群体化

合作学习一般以 3～5 人为一组，各组成员按照自己对探究主题的兴趣进行分工协作，共同完成一个研究课题。但是，任务驱动学习并不受限于此。随着学生人数的增多，专家化与群众化的并存情形会越来越多，任务驱动学习将从群组向群体延伸。学生之间既分工又协作，这将提高学生的主动性和积极性，有助于形成良好的人际关系和团队精神。在学习过程中，师生围绕着相关问题进行自我探究或集体讨论，教师以平等的姿态参与和引导学生的讨论，使教学过程由传统的传承型转变为探究型。一方面，任务驱动学习的适用范围广泛，学习方法、生活感悟等都涵盖在其中；另一方面，任务驱动学习所提供的多元答案使得这种学习方式更具吸引力。

三、任务驱动导学模式的应用

（一）问题类任务

即将任务隐含于问题当中，在创设与现实生活相联系的情境中提出问题。这里的问题可以是一个探究性的主题，也可以是一个能够引发思考、连接教学内容的案例等。问题情境的作用是为背景知识作铺垫，引发学生的联想，诱发探究动机，从而使学生回忆与运用原有的知识积累，并迁移到新的知识，促成对新知识的理解。这有助于学生掌握解决问题的方法，提高其自学能力与合作能力。

（二）案例类任务

即指学生在一个模拟的真实情境中，运用文献资料、自主探究和所掌握的方法，分析和解决具体问题的活动。在案例类任务中，真实的案例能够为学生创造一个良好的学习条件。学生从案例中挖掘解决任务的条件与信息，在探究活动中激发积极的参与性，在实践中获得成功感。这类任务适用于原理、概念、运算等知识的学习，学生在任务的指导下，将抽象知识应用到社会生活中，提高实践能力，做到学以致用。

（三）操作类任务

即指具体的实验操作活动，是学生通过实践获得知识与技能的活动。教师可以事先进行实验操作，创设实验情境，吸引学生的注意力，激励学生动手操作。任务的关键在于点明探究的目的与要求，引导学生在实验中学习知识、发现问题，并尝试自主解决，这样有利于培养学生的动手操作能力与自主探究能力。

四、对任务驱动导学模式的思考

（一）以任务为主线，科学设计任务

在任务驱动导学模式中，任务的设计处于核心位置，贯穿于整个教学过程中。任务的设计要考虑到多方面的因素，要结合学生情况与教学内容等具体要求。教师通过创设问题情境，将教学知识隐含于一个个任务主题中，激发学生的学习兴趣，让学生进行自主学习。这遵循了以教学内容为基础的原则，将学习内容与社会生活相联系，加强了导学的可行性与操作性，让学生在体验中收获了知识、形成了能力。

任务驱动学习是基于教学内容的要求而设计的一种具有挑战性与压迫感的学习方式。学生在完成任务的过程中获得知识与能力，达成学习目标。对此，教师设计任务要考虑任务的大小、知识点的含量以及新旧知识之间的联系，注意知识点的分配，避免将所有的知识堆积在一个任务中。教师可将教学重点、难点分散到各个任务当中，有层次性地实施任务。在这一过程中，教师可引导学生进行知识迁移，将理论运用于实践，帮助学生解决实际问题。

（二）以教师为主导，组织管理课堂

在任务实施过程中，教师要更新观念，转变角色，从课堂的"讲授者"转变为"组织者"。教师不是课堂的"主宰者"，而是帮助学生完成任务的"挑灯人"。导学过程要防止"任务驱动"变成"教师驱使"，使学生成为完成任务的工具。导学要注意技巧和方法。对于学生的共存问题，教师可指导展

开集体讨论；对于个别问题，教师可组织一对一的个别指导，以贴合学生的差异性，给予不同程度的指导，有针对性地锤炼学生的思维。

（三）以学生为主体，实施多元评价

在任务驱动导学模式中，学生作为实施任务的主体，是知识的接收者，是整个学习活动的参与者。教师必须从学生的角度出发，制订目标、安排课程、引导学习、组织活动等，帮助学生获得知识、形成能力，收获成就感与自信心。

在任务实施过程中，教师要培养学生的评价意识。学生在自我评价和评价他人中，学会发现别人的优点，检讨自己的不足。评价他人是为了吸取他人的优点弥补自身的不足，完善知识结构，充实学习内容。学生在自我评价、他人评价和教师评价的多元化评价体系中，可以相互学习、相互促进，这有利于知识和能力的建构。

第六节 实战案例：如何选择课堂导学模式

一、实战案例

一次函数分段讨论问题——手机费用问题[①]

1. 资料

（多媒体播放图片和资料）

目前我国手机用户本地通话收费标准常见有四种形式。

中国联通130网有两种：

（1）联通卡收费标准是：月租费用12.5元，每月来电显示费用6元，本地通话每分钟0.35元。

（2）"如意通"储蓄卡收费标准是：本地通话费用每分钟0.55元，月租费、来电显示费全免。

中国电信139、138网有两种：

---

① 赵海霞. 教师教学探究力修炼[M]. 长春：东北师范大学出版社，2010：62. 本文略有删改。

(1) 电信卡收费标准是：月租费用 30 元，每月来电显示费 6 元，本地通话费用每分钟 0.4 元。

(2) "神州行"储值卡收费标准是：本地通话费用每分钟 0.6 元，月租费、来电显示费全免。

现有甲、乙、丙、丁四个手机用户分别使用上述四种卡，设定每月通话时间均为 x 分钟，试比较他们每月缴纳话费为 y（元）的大小（注：每月话费＝"月租费"＋"来电显示费"＋"通话费"），并问选择如何入网最合算。

2. 探究

师：能否用 x 把甲、乙、丙、丁四个用户的话费表现出来？

（学生思索后，很容易得出结论）

生 1：$y_1＝18.5+0.35x$　　$y_2＝0.55x$　　$y_3＝36+0.4x$　　$y_4＝0.6x$

师：观察一下四个式子，能否比较 y_1 和 y_3、y_2 和 y_4 的大小？

生 2：这很明显，y_3 大于 y_1，y_4 大于 y_2，看来电信要贵些。

师：果真如此吗？

（学生议论纷纷，有一半多的学生支持生 2，但也有人提出异议）

生 3：好像不一定，但具体应该怎么说，我也不清楚。

师：这样的问题，我们应该怎样去分析呢？（学生思维受阻，教师略为提示）首先，我们来分组讨论一下。

（分组分问题讨论，各组找一人发言，把结论写在黑板上）

师：怎样综合归纳一下这些结论？你能从中理出一条清晰的脉络来吗？

（生 4 尝试了，但未成功，教师表扬他的参与精神后，让他继续思考）

师：（提示）要注意找分界点。

生 5：啊！我知道啦！

(1) 当 $x<74$ 时，$y_3>y_1>y_4>y_2$

(2) 当 $92.5≥x≥74$ 时，$y_3>y_4≥y_1≥y_2$

(3) 当 $180≥x>92.5$ 时，$y_3≥y_4>y_2>y_1$

3. 归纳

师：这位同学真不错，他的思维很有条理。下面大家结合上述结论，分组讨论一下应该怎样选择入网方式。想好的同学可以自动站起来回答。

（学生分为若干组，议论纷纷）

生 6：y 越大，说明话费越贵。因此：

（1）当通话时间小于 92.5 分钟时，选"如意通"好。

（2）当通话时间等于 92.5 分钟时，选"如意通"或"联通卡"均可。

（3）当通话时间大于 92.5 分钟时，选"联通卡"好。

师：选择入网有无固定模式？

生 6：选择入网没有固定模式，应根据每人的实际情况不同而去选择不同的方式。

师：好，前面我们的讨论非常成功，让我们再来看看因特网费用中的数学问题。

4．应用

对因特网上网费用问题进行讨论。（略）

二、实战经验

这是一节高中数学"一次函数分段"应用问题的探究课。此类应用题所涉及的条件较复杂，讨论的问题较多样，要求学生使用发散思维进行思考。教师运用任务驱动导学模式，提出具体任务，要求学生解决问题。这既促使学生内化知识，又促进学生发展思维。

（一）结合生活，设置任务

教师将收集到的有关通讯公司的宣传资料分发给学生，并提出要完成的任务：现有甲、乙、丙、丁四个手机用户分别使用联通卡、"如意通"、电信卡、"神州行"四种卡，选择如何入网最合算？教师结合生活实际，提出具体的要完成的任务，引导学生学会自主探究，让学生在完成任务的过程中内化知识、获得解决问题的方法。这是较典型的任务驱动导学。教师设置的任务充满挑战性，既要提出解决方案，又要比较优劣，充分考验了学生对知识的运用，有利于培养学生的实践能力和创新思维。

（二）合作探究，点拨释疑

在自主探究过程中，教师并不是一味把问题丢给学生，而是通过师生交流来提示和引导学生的思维方向。在解决基础问题后，由学生列出关系式，共同探究结果。教师指导学生列出方程式，顾及了全体学生的认知水平。在函数中"变量"与"因变量"的关系是学生较难掌握的内容，容易将两个变量的关系混淆。教师点拨学生逐层分析问题，指导学生逐步解决问题，使其习得学习方法，获得学习能力。同时，教师给予学生充分的思考时间，让学生在错误中不断尝试、不断思考，最后找出最佳的解决方法，这很好地促进了学生抽象思维的发展。

（三）及时反馈，鼓励探究

著名教育学家第斯多惠说："教育的奥秘不在传授，而在激励、唤起和鼓舞。"教师通过语言、情感和恰当的教学方式，不失时机地从不同角度给不同层次的学生以充分的肯定、鼓励和赞扬，使学生在心理上获得自新、自信和成功的体验，激发学生学习动机，诱发其学习兴趣。[①] "这位同学真不错，他的思维很有条理。"教师及时鼓励学生，提高了学生的积极性和自信心。"前面我们的讨论非常成功，让我们再来看看因特网费用中的数学问题。"在完成手机费用问题讨论后，教师及时激励学生，促使学生深入探究，即对互联网上网费用问题进行探究。激励性评价既帮助学生树立自信心，又能激发学生的好胜心，对于紧接而来的问题不但不排斥，反而会"越战越勇"，深入探究，从而更好地完成学习任务。

三、实战策略

随着教改的逐步深入，导学模式日益增多，但不管模式如何变化，细节如何不同，所主张的学生主体性、教师主导性不变。

（一）以学定教，尊重主体，贯彻主导

无论是先学后教导学、互动交流导学，还是自探共研导学、主体探究导学、任务驱动导学，都具有一个特点："以学定教"。比如，先学后教导学、主体探究导学，都要求学生先自主学习，教师再适时指导。又如，互动交流导学，先要求学生通过合作交流获取知识，教师再给予引导。再如，自探共研导学、任务驱动导学，先要求学生自主探究，教师再通过提出问题进行引导。

---

① 王春华.激励性评价：课堂教学中的点金石[EB/OL].[2011-05-12].http://www.tjjyedu.com/user/tjjyj1/Article.aspx? ApID=0&ArtID=50069&XcPID=25155.

无论是哪一种导学模式，都贯彻了一个中心思想，即"以学生为主体、教师为主导"的思想，以达到以问促学、以学定教、以学促教的效果。在导学过程中，必不可少的工具就是导学案。导学案实质就是学习路线图，能够帮助学生清晰地了解教师的教学过程，有助于了解学习目标和要求，从而有效开展自主学习、合作探究等。教师的导学要根据学生的学习情况，有针对性地导，让学生有目的性地学，以提高教学效率。

（二）谨慎"入模"，变通"出模"，举一反三

导学模式的作用是通过相对稳定的教学框架，帮助教师有效地开展教学活动，使课堂教学能够科学进行。每一个导学模式都有相应的操作程序，如先学后教导学的"先学、后教、当堂训练"三阶段导学等。这样既定的步骤为教师的导学提供了指向性，有助于教师设计教学，开展教学活动。但要注意的是，一种导学模式并非万能，并非适用于每一种情况，并非适合每一学科的教学内容。因此，教师选择某种导学模式时，要从学科性质、教学内容、学生情况等进行考虑，做到既有基础模式，又有创新模式。导学模式的存在意义并非让教师进行简单套用，简单地按程序进行，而是让教师在相对稳定的教学框架中找出教学规律，更好地促进学生自主学习。教师应该在不断使用各种导学模式的过程中，举一反三，灵活变通，总结出一套适合自己、适合学生的导学模式，以增强自身的教学能力，提高课堂的教学质量。

（三）多管齐下，引、学、评、练四者合一

在新课程理念下，教师注重对学生主体活动的指导，以激励性评价来鼓舞学生的学习积极性，提倡以多样化的练习方式进行知识巩固。因此，在导学模式中，教师要将引、学、评、练四者合一，以发挥导学的最大作用。比如，互动交流导学的谈话交流环节，主体探究导学的成果评价环节，先学后教导学的当堂训练环节等，都关注引导、自学、评价、练习对学生的作用。但在课堂的有限时间内，如何协调四者的时间？这便要求教师转"教"为"导"，减少自己讲解的时间，增加学生自学的时间，把学习权力、学习时间、学习空间交还给学生，真正突出学生的主体地位，促进学生内化知识，获得能力。

评价则可以与练习融为一体。在巩固扩展环节中，教师可以采取练习的方式来检验学生对知识的理解，不要拘泥于笔头的练习形式，要力求多样化。

比如，教师可以通过小组合作探究、角色扮演、课后延伸等形式，让学生进行练习，教师则对其表现及时进行评价。这不但有助于学生深化知识，而且便于激发学生的自信心。

在导学活动中，引、学、评、练四者缺一不可。"引"是培养学生各种能力的有效手段；"学"是学生获取知识的重要途径；"评"是促进学生学习的有效方式；"练"是学生巩固所学的有效方法。全面、合理地运用这四个环节，才能发挥导学的真正作用，有效提高教学质量。

第三章

课堂导学的策略

教育学生，除了理论，还要实践；除了经验，还要训练。在教学过程中，教师要给予学生体验和检验理论的机会，以培养学生的实践能力。

既要理论，又要实践①

一个驾船水平非常高的船王，他把自己所有的本事都一一传授给了儿子。船王也感到儿子好像把他的技术都学到手了，所以，第一次就非常放心地让他一个人出海。他的儿子却再也没有回来，还有他的船。他的儿子死于一次台风，一次对渔民来说微不足道的台风。船王十分伤心，他就想：我真不明白，我的驾船技术这么好，我从他懂事起就教他如何驾船，从最基本教起，告诉他如何对付海上的暗礁、暗流，又如何识别台风前兆，要如何采取应急措施，等等，我把多年积累下来的经验毫无保留地传授给他，可他却在一个很浅的海域里面丧生。渔民们纷纷安慰他，一位老人问他："你一直手把手教你的儿子吗？"

他说："是的。为了让他掌握技术，我教得非常仔细。"

"他一直跟着你吗？"这个老人又问。

他说："是的，我的儿子从来没有离开过我。"

这位老人又说："这样看来你也有过错。"

这个船王感到不解，问："我有什么过错？"

---

① 余文森.有效教学十讲[M].上海：华东师范大学出版社.2009：75.本文略有删改。

这个老人跟他说："你的过错已经十分明显了，你只传授给他技术，却没能传授给他教训。"

教学好比出海航行，既需要知识经验，也需要实践训练。在教学过程中，教师要给予学生体验和检验理论的机会，以培养学生的实践能力。教师要以导为主，以生为本，循序渐进，构建多维开放的民主课堂，开展探究真相的实践活动，使教学更具科学性和组织性，促进学生的全面发展。

第一节　以生为本

一、以生为本的内涵

在传统教学活动中，受赫尔巴克的"三中心"说的影响，教师占据了教学的主要地位。以讲为教，以灌代学，填鸭式的师本教育令学生处于被动的学习地位。师本教育重视知识的死记硬背，而忽略对学生能力、情感、价值观等的培养，培养的学生大都是智商高、情商低，知识丰富、能力低下，这样的教育最终会被时代淘汰。

师本教育的对立面是生本教育。生本教育，顾名思义便是以生为本。以生为本是以"为了学生，高度尊重学生，全面发展学生"的价值观和行为观为宗旨的教育，是为了让学生成为学习的主人而设计的教育。以生为本作为一种先进的教育理念，具有一定的科学性与实践性，能够使教学活动焕发生机，提高教学的有效性。

二、以生为本的基本原则

以生为本的核心在于学生对学习的感悟，是他们对教学内容的自我感受、领悟和理解，其方法在于尽可能地调动学生的积极性，引导学生进行自主学习，以获得知识、形成能力。学生在自学过程中，关键在于感悟，而这需要借助教师的指导。教学若要以生为本，则须遵循无为而治、时机留白、认知前置等原则。

（一）无为而治原则

无为而治原则是指教师在教学过程中，尽量少干预学生的学习，尽可能地给学生一定的自主性，使他们可以按照自己喜欢的方式吸收知识、获得能力。这要求教师转"教"为"导"，宏观调控。无为而治并不是教师不作为，放任学生，而是尊重学生的需要，根据学生的要求开展教学活动。无为而治所体现的便是"少教多学"，即减少教师的讲授时间，增加学生的学习时间，以促进学生的充分发展。

（二）时机留白原则

时机留白原则是指留给学生尽可能多的思考时间与机会。学生的自学并不是指单纯地对着书本进行阅读学习，而是通过对内容的质疑问难、问题的分析解决、方法的实践运用等过程而获得知识和能力。时机留白原则要求教师不要过多干预学生的学习，相反，是以引导为手段，启发诱导学生深入思考问题，大力开发学生的发散性思维。学生在天马行空的想象中，总会提出一些不一样的观念、不一样的方法，这有利于培养学生的创新性思维。学生思考的结果或许符合教学内容，或许脱离教学轨道，甚至出现不正确的思想，这便需要教师适当评价，或鼓励，或纠正，不断提升他们的思维品质。

（三）认知前置原则

要实现学习的自主性，单靠教师的引导是难以完成的，还需要学生的自觉配合与协助，这便是学生课前学习。认知前置原则是指教师指导学生进行课前学习，以完成任务的形式进行预习，为课堂上的深入学习打下基础。在这一环节中，任务设置便成了重要的因素，要做到"低入高出"。"低入"是指课前设置的任务要从基本知识出发，力求不复杂不困难，让学生能够较容易完成，以激励学生主动学习；"高出"是指课前设置的任务要具有一定的启发性和操作性，学生在完成任务的过程中能够获得一定的启发。

三、以生为本的运用技巧

（一）少教多学，重方法指导

少教多学是相对于传统教学中的多教少学所提出的，是从根本上改变传统教学学生处于被动状态的教学方法，其基本的导学模式是"自学—解疑—精讲—训练"四个主要环节。有的教师认为少教多学就是教师减少讲授活动，学生增加学习活动，这种认识是片面的。"少教"并不单纯是教师少讲、降低教学要求，而是要求教师精讲、提高教学效率。"多学"是指学生获得更多的学习时间和机会，获得更多的自主学习权力。少教多学期望教师转变传统的教学观念，关注学生的主体需要，在不降低教学要求的情况下，拓展学生的知识面，培养学生的实践能力。

少教多学要求教师要善于引导学生发现问题、分析问题、解决问题，并帮助学生总结经验；要根据学生的疑惑进行有针对性的讲解，做到精讲解疑，并帮助学生构建完整的知识结构。少教多学注重指导学习方法，教给学生学习知识、解决问题的方法，帮助学生形成良好的学习习惯。

（二）有疑必究，延迟判断

生本教育不但要从教学理念上做改变，还要从教学方法与手段上做出相应的变化。传统的教学以讲为主，忽略学生的真实感受，忽视学生的疑问，使得教学无法真正解答学生的疑难，造成学生"知其然，不知其所以然"的尴尬。在课改下，课程标准倡导自主、合作、探究的学习方式，提倡师生之间、生生之间的交流互动，主张学生在实践交流中发现问题、分析问题、解决问题，是对导学方法的变革。

在解疑的环节中，教师要做到有的放矢、有疑必究。这便要求教师尊重学生的质疑提问，耐心倾听学生的回答，引导学生开展合作交流。需要注意的是，教师对于学生的质疑，不是"来者不拒"，而是有所选择。对于无关紧要的质疑，可"轻轻放下"，以节省时间解决重点问题；对于富有思考价值的质疑，则给予充分的思考时间，让学生积极说出自己的想法，以培养学生独立思考的能力。学生思考的结果如何，教师可不急于定论，而是延迟判断，先由学生自评、互评，再由教师总结、评价。这一环节坚持以生为本，教师少讲多导，引导学生多读、多做、多思，注重培养学生的独立意识，激发学生的创新思维。

（三）有意观察，注重细节

萧伯纳说："我不是你的教师，只是你的一个旅伴而已。你向我问路，我指向我们共同的前方。"[①] 和谐友好的师生关系是生本教育所需要的。教师应

---

① 转引自：陈芳.生本教育对教师提出的新要求[J].齐齐哈尔师范高等专科学校学报,2008(6)：14-16.

耐心指导学生学习，以爱心包容学生的错误，以激情激发学生的热情。同时，教师应注意学生在不同状态下的不同反应，留意学生的思维方向，对需要帮助的学生给予及时指导，以促进学生不断学习。

导学案例

错误细节中的启发[①]

在一节数学课上，一道数学题引起了教师的关注。数学题为：已知 $mn=6$，$m+n=6$，求值：（1）$2m^2n+2mn^2$；（2）$(m^2-3)(n^2-3)$。按照当时初中一年级学生所达到的水平，这一题的解题思路应该是：将后面两式变形为含 mn 和 $m+n$ 的式子，然后将条件中提供的 mn 和 $m+n$ 的值代入计算。但是，有一名学生简单地从条件中直接得出"$m=2$，$n=3$"的结论，并将其代入后面两式进行计算。显然，这样的结果是错误的，但教师并没有简单地否定这个思路。她辩证地看到，虽然学生的这一尝试失败了，但并不等于说这一思路就毫无可取之处。严格地说，他试图从一元二次方程组中求出 m 和 n 的具体值，然后再代入新算式中求值。学生在学会了一元二次方程之后，这便可能是首选的方法和思路。于是，教师开始了一个新的教学活动：让学生尝试这种思路。学生很快看出"$m=2$，$n=3$"是不对的，他们还可以尝试其他数值。教师辩证对待学生的错误，转变教法，教会学生发现新思维与新的学习方法，尽管就题目而言，是以失败告终的，但就教学来说，是具有开拓性的。

引发教师改变导学策略的是一个小错误。面对学生的失误，教师不是批评斥责，也不是置之不理，或是一笔带过，而是"借题发挥"，引导学生共同探究，让学生在体验中发现问题、解决问题，从中获得学习方法。

学生无法给出正确的答案，教师如果否定、拒绝，将会击碎学生的自信心。庆幸的是，教师不但不否定，反而给予赞赏，并让学生深入探究，分析错误原因。学生通过比较不同思路，获得全新的认识。这不但为学生以后学习一元二次方程提供了认知准备，激发了学生主动了解新知，提升了学生学

---

① 郑金洲.开放教学［M］.福州：福建教育出版社，2005：138.

习的积极性，而且令学生从这一个认知困境中发现知识的奥秘，学会辩证地分析问题和解决问题，寓学法于思辨之中。

教师利用一个小小错误，逆转沉闷的课堂气氛，使课堂成为一个挑战智慧、提升自我的空间，很好地激发了学生的潜能。

我国著名学者叶澜说："教师在教学过程中的角色，不仅是知识的'呈现者'、对话的'提问者'、学习的'指导者'、学业的'评价者'、纪律的'管理者'，更重要的是课堂教学过程中呈现出信息的'重组者'……通过教师层面的'动'，形成新的又具有连续性的兴奋点和教学步骤，使教学过程呈现出动态生成的创生性质。"[①] 教师要多与学生交流，关注学生的学习细节，将隐藏在细节中的教学可能性扩大化，变成能够促进学生认知学习的有效资源，促进教学目标的达成。

第二节　有法可导

一、有法可导的内涵

从传统意义上理解，有法可导是指导学的一种教学理念，是指运用教学方法和教学手段开展教学。但若从"法"一字上理解，"有法可导"一词便具备更广泛、更深入的含义。在《现代汉语词典》中，"法"字具有两种含义：一是处理事物的方法、手段；二是指标准与规范，即规律与原则。从教学理论上理解，有法可导是指在教学中，教师不仅要利用教学方法和手段进行指导，还要能够依据一定的教学规律和原则有效引导，以适应导学的各种可能性。

人们常用"教学有法，教无定法"来描述教学活动中"法"的应用。但许多教师存在片面的认识，认为教学的"法"仅指教学的方法和手段，忽视了教学规律和教学原则，以至常常生搬硬套，很难贴合学生的真正需要与教学的目标要求，难以达到预想的教学效果。

---

① 叶澜.重建课堂教学过程观："新基础教育"课堂教学改革的理论与实践探究之二[J].教育研究，2002(10)：25-31.

我们可从两个层面理解有法可导的含义。第一个层面是指教学者的主观设想。导学方法具有相对稳定性、主观性和能动性，大都是依照教师自身的技能、学生的学情、教学目标和教学内容进行选择的。尤其是有经验的教师，在经过一定的教学实践后，慢慢形成相对稳定的导学方法，并且在导学过程中习惯使用某种方法。这是"导学有法，有法可导"的浅层含义。第二个层面是指导学规律的客观存在。教学活动虽然千变万化，但各因素总有内在的必然联系，决定着教学发展的必然趋向，这就是教学规律。相应地，导学要遵循教学规律，这具体表现在导学方法的选择必须遵循教学基本规范和原则。导学是为了高效教学，即让学生用较少的精力能够获得更多的知识，形成更大的能力。导学方法的选择要以促进学生的发展为目标，尊重学生个别差异性，力求因材施教。这便是"导学有法，有法可导"的深层含义。

二、有法可导的前提

有法可导具有鲜明的个人性与主体性，其矛盾在于教学者的教学思想与不同学生群体之间所产生的巨大差异。教师选择教学方法可以考虑自己的兴趣，但要顾及学生的需要，依据一定的教学规律，以提高教学的效率。

（一）导法须具有个人风格

无论是教学对象，还是教学实施者，都具有主观能动性，都有着属于个人的生活体验、思考方式、解题方法。这正是面对同样的教学内容、不同的教学对象要灵活选择导学方法的原因。导学是一种主观性活动，不同的教师具有较大的差异性，难以复制别人，也难以被别人复制，具有鲜明的个人风格。

个人风格并不意味着独立异行，而是在保留自己特色的基础上，博采众长，学习别人，借鉴别人，形成风格。当教师拥有一套别具风格的导学方法，并为学生所熟悉时，便有利于管理课堂，提高导学效率；当学生熟悉教师某种导学方法时，便会积极配合，大大提高学习效率。

（二）导法选择须贴合实际

学生作为导学的主体对象，在导法选择上，不可忽略学生的特殊性。在传统教学中，教师以讲为教，大大忽视了学生的自主性，也未能依据学生的差异性进行教学设计，使得后进生难以跟上教学进度，学生之间的差异越发明显。依据有法可导的含义，导学应依照教学规律和原则，力求具体问题具体引导，积极求变，根据不同的学情进行导学设计，做到因材施教。

教师要注意观察、留意学生的需要和兴趣，从学生的年龄特征和心理特征入手，选择合适的导法进行导学。同时，不同导法有不同的性质特征，要根据不同的学生群体与教学内容选择不同的导学方法，激发学生的创新思维，以达到高效教学的目标。

（三）导法应突破创新

导学的方法和手段要依照一定的规律进行，但并不意味着墨守成规。导学是一种创造性活动。这需要教师深入研究，不断创新，以使导学方法更切合学生需要。导法虽然令人眼花缭乱，但只有不断创新，才能更好地适用于每一位学生，更好地提高教学效率。

教学的动态性为导学提供了许多不确定性，有时学生不着边际的提问、突发性的教学事件等，都可能影响导学的顺利进行。面对偶发事件，教师要机智灵活，要善于根据具体情况改变导法，以使导学活动继续进行。

三、有法可导的运用技巧

有法可导为教师的导学提供行动方向，为教师的导学提供思想指导。导学选择应以教学目标、教学内容、学生主体为前提，不能偏离教学目标。

（一）导前精心设计

曾有一句老话形容教师的课前工作："要给学生一杯水，教师必须准备一桶水。"这说明教师进行导学，事前必须做好充分的准备，既要备课标、备教材、备教法，还要备学生。教师如何准备"这一桶水"呢？

设计导学案，要从学科特征、教学重点和难点、学生的心理特征和认知特点等方面，有目的性、有针对性地进行准备，即备教材、备资源、备学生、备导法，力求未雨绸缪。

备教材作为导学设计的第一步，也是至关重要的一步，应力求"一击即中"。备教材并不是盲目地拼凑"教参"，而是要有针对性地进行课程开发。了解课程标准、明确课程体系、了解教学目标、确定教学重点、理清教学难点等，是备教材的基础，教师应根据认知规律设置知识点，由浅到深，从主到次。

课前精心设计有助于教师先导先知，为导学打下坚实的基础。

（二）导中相机行动

导学设计是教师对教学过程的设想，而非导学的最终结果。课堂上难以避免会出现偶发事件，这也是导学设计难以预料的。教师精心设计导学案，是为了能够将课堂上的偶发事件降到最低。导学应该依照预设进行，但并不是生搬硬套，而是相机行动。

相机行动是指在导学过程中，教师依据具体学情和学生的认知能力，顺从学生的思维方向，跳出导学案的僵硬拘束，见机行事。

导学案例

灵机一动①

教师教学《小蝌蚪找妈妈》，按事先的准备提问："小蝌蚪是用什么办法找妈妈的?"有的学生说："它一个一个问着找。"这正是教师需要的答案，当教师肯定他的回答时，另有一个学生答道："小蝌蚪一个一个问别人来找妈妈，这个办法不好!"这是教师预料之外的答案。教师问："那你说小蝌蚪该用什么好办法找妈妈呢?""现在条件先进了，小蝌蚪只要写一则《寻妈妈启事》，在电视上播放一下，不就简单了?"这时，又有学生迫不及待地举起手："青蛙妈妈可以写一个《寻儿启事》，写上蝌蚪的样子以及自己的联系方式，小蝌蚪看到了，就会直接找到妈妈。"于是，教师临时改变了原来设计的教法，顺着学生的思维设计教学过程："那就请同学们认认真真地读书，帮小蝌蚪写一则《寻妈妈启事》，或者帮青蛙妈妈写一则《寻儿启事》，设计好文字、图片，拿到电视台播放。"学生兴高采烈地读起书，并组成一个个合作小组，有研究"启事"语言表达的，有画青蛙生长过程简图的，有擅长"播音"而训练朗读的……

导学预设往往会被突发性问题所破坏。"小蝌蚪一个一个问别人来找妈妈，这个办法不好!"这是教师预料之外的答案。但教师并没有因学生的"节外生枝"陷入困境，而是顺着学生的思维深入导学。《小蝌蚪找妈妈》

---

① 郑金洲.生成教学[M].福州:福建教育出版社,2005:154.本文略有删改。

是以童话的形式讲述了小蝌蚪的成长过程，蕴含了从小独立生活，遇事主动思考的道理。教师引导学生学习课文，改变原来的导学预想，灵机一动设计"寻××启事"，让学生进行探究学习，并用文字和图画表达结果，充分显示了相机导学的灵活性。

相机导学要求教师有敏感的观察力，能够敏锐地捕捉导学时机，"借题发挥"，将学生的意外学习行为引入正轨，顺利达成教学目标。

（三）导后自我反思

导后自我反思是指教师对导学的再认识、再思考，并以此来总结经验教训，进一步提高导学水平。

导后反思主要有课后思、周后思、月后思和期中思等几种方式。课后思是指一堂课下来就总结思考，写好课后一得或教学日记，这对新教师非常重要；周后思也就是说一周课讲完后反思，摸着石头过河，发现问题及时纠正；月后思是指对于自己一个月的教学活动进行梳理；期中思即通行的期中质量分析，这是比较完整的阶段性分析。通过期中考试，召开学生座谈会，听取意见，从而进行完整的整合思考。[①]

教师只有通过反思，才能不断深化导法，更有助于培养学生自主的思考能力和创新性思维。

导学有法，导无定法，重在得法，贵在创新。导学依照教学规律展开，教师应当做到以学促导，真正地关注学生的主体需要，只有这样，才能促进学生的全面发展。

第三节　循序渐进

一、循序渐进的内涵

卢梭的自然教育理论认为，教育的方法与原则应依照儿童的天性发展，让儿童投入到自然中，让学生进行自由学习，成人应减少干预。教育必须依

---

① 佚名.教学反思[EB/OL].[2013-12-12]. http://baike.baidu.com/link? url＝xQLAIb2-HYh-vkZ8ST9K2ot_0ekki9xr7orpqoyOHWQM6NC1_-yhj65J8pHINdWeT.

照教育规律进行，不可揠苗助长，要循序渐进。

在导学过程中，教师主要解决三个问题，即教什么、何时教、怎么教。导学的循序渐进涵盖了这三方面的内容。"序"是指教学的规律和顺序。导学既要遵循学科知识的逻辑序列，又要符合学生心理发展的特征，这是对教什么、何时教的指导。"渐"是指导学的步骤和进程。导学有步骤、有次序地深入知识内部，层层提升训练难度，这是对导学方法的要求。"进"是指教学目标。导学建立在"进"的基础上，即教学在有逻辑的序列和步骤中开展所获得的效果，这是对教学目标的实现。

综上所述，循序渐进是指教学内容、教学方法和学习负荷等的顺序安排，由易到难，由简到繁，逐步深化提高，使学生系统地掌握基础知识、技术和技能的锻炼方法。循序渐进是指根据学科知识的逻辑序列和学生心理发展序列，按一定的顺序、步骤促使学生逐渐进步，高效地完成教学任务，实现教学目标。

二、循序渐进的要求

循序渐进导学是依据教学活动的规律或原则制定的，它贯穿于教学活动的各个方面，对教学活动提出规范。循序渐进导学有适时而教、系统传授、由简到繁、灵活调整和新旧衔接等要求。[①]

（一）适时而教

教学内容只有通过一定的教学组织形式和活动方式并落实在特定的时空中才能发挥教育作用。因此，要加强课堂活动的时间设计和管理，做到适时而教。所谓适时主要表现在五个方面，即发展上的适时、起点上的适时、指导上的及时、进度上的适时、管理上的适时。

（二）系统传授

在循序渐进的过程中，教师要随时指导学生，对所学知识进行及时的归纳整理，进行认知结构的建构。教师在讲课时既要注意本门学科的逻辑顺序，又要关注相关学科之间的横向联系。

---

① 佚名.教师怎么理解和贯彻循序渐进的教学原则[EB/OL].[2013-10-12].http://zhidao.baidu.com/question/493986332.html.

（三）由简到繁

教师要认真研究学生，针对他们在学习过程中的认识需要和特点，处理好近与远、浅与深、简与繁等问题。

（四）灵活调整

尽管教材中前面知识是后面知识的基础，后面知识是前面知识的继续或扩展，但是由于教材结构本身的复杂性和学生学习发展的多元性，有时学生也可以跳过前面的一些难点内容先学后面的其他知识，而后面知识的掌握反过来会加深学生对前面知识的理解。这就要求教师从实际出发，适当地调整速度、顺序，增删内容，进行导学。

（五）新旧衔接

无论是旧知识的复习检查还是渐进知识的系统传授，无论是教师的课堂教学还是学生的作业练习，都要按照学科的逻辑系统和学生认识发展的顺序进行，使学生系统地掌握基础知识、基本技能，形成严密的逻辑思维能力。

三、循序渐进的运用技巧

（一）知识之序与心理之序统一

知识之序体现在教材之中。教材编排的内容是从简单到复杂、从浅显到深刻的。前面的知识是后面知识的基础。按照知识序列进行教学，便可逐步深入，从整体上把握知识体系。而学习者的心理之序是隐晦不显的，具有个体的差异性与群体的共同性。在导学中，许多教师只关注知识之序，而忽略心理之序，必然导致机械的导学模式，难以保证教学质量。

不同群体的学生所表现的认知水平与接受能力有所不同，导学应该依据学习者的知识之序与心理之序统一进行。如何把知识之序与心理之序统一起来？首先，应了解不同年龄阶段学生的学习特征、认知水平和学习兴趣。其次，将其与知识体系匹配，逐步深入，加以指导。

导学案例

灵活变通，因材施教①

一个小学三年级的学生请一位数学专家帮忙解答下面这道算术题：在一个减法算式里，减数、被减数与差的和等于90，差是减数的两倍，那么差等于多少呢？这题目中的概念太多，这位专家让学生读了两遍，孩子还是搞不清楚。专家改用图标来表达，给孩子直观感、整体感。如下图：

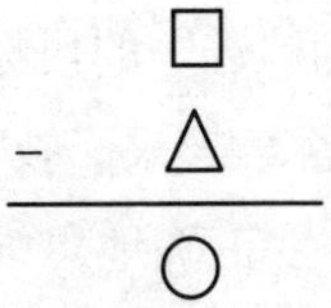

图1 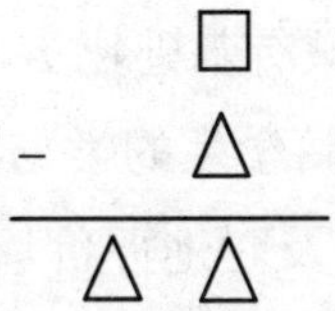　　　　　　　　图2 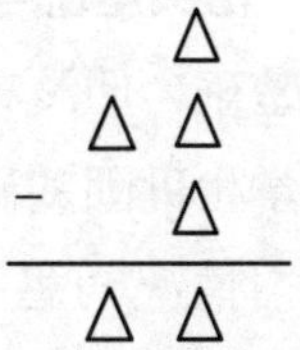　　　　　　　　图3

他用正方形表示被减数，三角形表示减数，圆形表示差。专家引导孩子：你看，这个差是减数的两倍。那么就说明这个圆形等于两个三角形，因为差是减数的两倍。这个学生马上受到启发，那被减数岂不是三个三角形。这个题目的答案一下子就出来了。可见，画图是解答问题的一个非常有效的策略。

专家说："看看这个图，我们再回顾一下，既然差是减数的两倍，我们能否将图1改成图2？"

孩子高兴地说："它是减法算式，干脆把图2改成图3吧，因为减数、被减数、差的和等于90，所以，6个三角形就等于90了，一个三角形就等于15了，差就等于30了。"

在小学阶段，学生的思维认知主要以形象思维为主，对于数学、自然、科学等学科的学习，接受程度还是比较低的，尤其是一些抽象的原理、概念等。如果不把抽象问题形象化，就不符合学生的认知特征，也不符合学生的心理之序。

就案例而言，算术题所包含的知识内容多而乱，囊括了减法、加法、倍数等知识点，而且语言表达简单却关系复杂。这对于三年级的学生来说，的

① 余文森.有效教学十讲[M].上海:华东师范大学出版社,2009:92.

确存在认知困难。鉴于此，教师通过图形与竖式，将问题蕴含的关系具体表现出来，并配以浅显的讲解，适当提示学生。学生从竖式表达中获得启发，豁然开朗。

把知识之序与心理之序统一起来，就要遵循学生的认知特征，将复杂的事物简单化、生活化，如运用多媒体形象呈现知识，利用图形或线条建立知识脉络，运用形象性描述解读抽象的内容，等等，都有利于提高导学效率，增强导学质量。

（二）扎实基础与拓展创新结合

没有基础，便没有提高。只有基础扎实，才能达到"进"的目标。首先，教师帮助学生巩固基础知识，将学生的学与教师的导融合起来。教师要留意学生的学习情况与思维动向，及时地评价，以引导学生正确地思维。其次，导学不对学生灌输知识或强迫训练某种技能，而是设定一个特殊的环境，让学生直接参与整个教学过程，在参与的同时，去完成一种体验，进行自我反思，获得某些感悟。学生的发散性思维从中得到发展，避免了对知识僵化的记忆，和对能力机械的训练。

（三）全面顾及与因材施教并行

著名教育家陶行知说："人像树木一样，要使他们尽量长上去，不能勉强都长得一样高，应当是：立脚点上求平等，于出头处谋自由。"[①] 教学育人的道理与树木成长一样。人成长的过程大都相似，身心发展的过程大都相同，都是从低级向高级不断地发展。但在每一阶段中，每个人所表现出的个体特征千差百异，具有个体差异性。教学要遵从学生的身心发展规律，有效开展教学活动。

1. 个性发展

个性发展是指人类个体出生后直到青少年时期个性形成的发展过程。个性是在个人生理素质的基础上、在一定社会历史条件下通过实践活动逐渐形成和发展起来的，个性的形成和发展要经过一个漫长的、复杂的过程。这要求教师根据学生的身心特点，有针对性地开展教学活动。

---

① 转引自：李玉龙.因材施教的教学方法[M].长春：东北师范大学出版社，2010：40.

2. 因势利导

"善战者，因其势而利导之。"教学要顺着学生发展的趋势，抓住时机，及时加以引导。因势利导，要根据已有的条件和形势来促进学生的发展，即：既要让学生发现自己的优点，又要让学生明白自己的缺点；既要让学生获得自信心，又要让学生懂得自省。

3. 授之以"渔"

知识是目的，学习是手段。教师教授的知识能运用一时，却不能运用长久。如果想获得更丰富的知识，那就要学会学习的方法。灌输给学生的知识是有限的，但如果教师传授的是学习方法，那么学生就会获取更多的知识。与其灌输学生知识，不如教会他们学习方法，培养其自主学习的能力，以期达到自我教育、自我提高的目标。

第四节 探究真知

一、探究真知的内涵

"探究"在《现代汉语词典》中有"探索研究、探寻追究"之意。从教学层面上理解，是指教师指导学生在学习情境中通过观察、阅读，发现问题、搜集数据、形成解释、获得答案并进行交流、检验。"真知"是指知识的本质、特征、规律等。探究真知导学是指教师在指导学生开展探究性学习活动时，通过提出问题、建立假设、设计实验方案、收集事实与证据、检验假设和交流等一系列探究活动，揭示并获得知识的本质、特征或规律，从而促进学生知识技能、情感态度的发展，特别是探索精神和创新能力等方面发展。

探究真知导学是以探究为主要目标的教学形式，是指在教师的启发诱导下，针对课堂的教学内容，组织学生开展有目的的表达、质疑、合作讨论、探究等活动，以实现教学效果最优化。它要求教师有深厚的教学能力与敏锐的观察能力，能够营造开放的课堂氛围，激发学生浓厚的学习兴趣，培养学生科学的探究精神，使其最终获得真知、洞悉规律。

二、探究真知导学的特征

基于探究真知的导学是以探究式教学作为思想与行为指导的，主要特征有学生的主体性、问题的探究性和教学的过程性等。

（一）学生的主体性

学生作为认知的主体，是参与探究活动的重要组成部分。在探究式导学中，教师要充分发挥学生的主观能动性，引导学生思维火花的碰撞，使学生获得实质的学习体验。探究真知导学必须关注学生的主体作用，了解学生的主体需要，根据学生的智力发展水平与认知能力设置问题，启发、引导、组织学生开展探究活动。学生要积极投入到问题探讨中，通过分析问题、挖掘信息、合作讨论，找出解决问题的方案，获得知识，掌握技能，培养创新性思维。

针对学生的主体性，教师要注意发挥指导性作用。一方面，教师在教学中激发和培养学生的探究兴趣，给学生自主探究的空间、动手操作的机会。例如，教学《观察图形》（人教版小学数学）一课，教师引导学生分小组进行探究活动，指导学生以观察图形与发现生活中图形等方式，将教学内容与日常生活联系起来，以激发学生的学习兴趣与求知欲望。学生通过探究解决问题后，便能体验到探究学习的愉悦感，并且积极投入下一轮的探究学习。同时，学生通过问题讨论，获得积极思考和大胆想象的机会，体验到作为学习主体的感受，并进一步从被动学习转变为主动学习，最终养成良好的学习习惯。

（二）问题的探究性

现代教育心理学研究指出，学生的学习过程和科学家的探索过程在本质上是一样的，都是一个发现问题、分析问题、解决问题的过程。问题是否具有挑战性是探究真知成功与否的关键。恰当的问题能够激发学生强烈的学习愿望与求知欲，为学生带来探究真知的冲动；相反，如果问题缺乏探究性或讨论意义，就会削弱学生思考的积极性，甚至使得学生产生学习厌烦情绪。尤其是一些能够在教材中轻易获得答案的问题，缺乏探究的价值，对启发学生思维没有实际的效用。因此，探究真知的问题设置必须具有一定的探究性，能够为学生带来思维上的促进，只有这样才能达到培养学生创新思维的目的。

问题的设置要基于教材，适当进行课外拓展，既要与教材联系，又要与生活联系，以保证教学的实践性。问题的探究也要注意分寸，不能过于简单，也不能过于困难。过于简单的问题会让学生缺少思维发挥的空间，过于困难的问题又会让学生产生挫败感，甚至对学习产生消极情绪。教师应该结合日常生活提出具有矛盾性的问题，指导学生从中发现问题本质，并且解决问题。例如，教学《中彩那天》一课，"中彩那天父亲打电话的时候，是我家最富有的时刻"，教师可结合生活现实引导学生对"贫穷"与"富有"这对矛盾进行探究，以促进学生的情感体验。

（三）教学的过程性

过程性是探究真知的重点。学生在探究过程中获得知识，洞悉本质，掌握规律，获得真知。

从教师的角度看，探究真知以探究学习为主，结合合作学习等方式，一般经历"激趣明标、切入问题，组织探究、适时点拨，回顾总结、明理深化"的过程。这个过程并不是指学生单纯的自主探究，而是在教师的指导下进行探索、研讨，把零散的思维成果整合为系统的知识结构。从学生的角度看，探究真知是一个探索新知和获得新知的学习过程，其意义在于通过思维活动、动手操作等方式获得感官体验，促进全面发展。

三、探究真知的运用技巧

（一）把握两个"分寸"，突出探究性

1. 把握问题的难度分寸

学生个体是有差异性的，学习态度、智力水平、认知能力都有不同，因此，设置的问题要有针对性，以保证大多数学生都获得思维发展空间。教师应设置多样化的问题，允许学生运用不同方式、从不同角度进行探究，由此可以培养学生的发散性思维。

2. 出示问题的时机分寸

任何一种教学方式都有其优势与局限，需要结合其他教学方式才能发挥得更好。探究真知导学的优点是以学生为主体，让学生自觉地、主动地探索，掌握认识和解决问题的方法和步骤，研究客观事物的属性，发现事物发展的起因和事物内部的联系，从中找出规律，形成自己的概念；局限是所需时间

较多，对学生的参与度要求较高。教师要善于利用探究真知导学的优势，优化导学，在学生思维最活跃期切入问题，激发学生深入思考，使探究活动发挥最大的效益。

（二）立足教材内容，突出基础性

1. 深入挖掘教材

教师要善于挖掘教材隐藏的内涵，分辨哪些内容适合探究式教学，哪些内容适合讲授式教学；然后选取具有探究价值的内容作为探究问题；最后指导学生提出假设，分析印证，呈现成果。

2. 进行拓展学习

拓展学习在学习内容上，不拘泥于教材内容，而是向社会学习，向网络拓展，使学习内容在更广阔的背景上获得全方位的充实和增加；在学习形式上，强调教育的开放性，到社会中去，到生活中去，让学生从已有的生活经验出发，亲自接触最实际的问题，亲身经历发现和解决实际问题的过程，并将实际问题抽象成知识模型，进而借助已经掌握的学科知识，对知识模型问题进行解释和解决，将知识转化为能力；在学习的方法上，让学生实质上拥有自主权，可以合作学习，也可以独立思考，还可以实验或模拟。拓展学习的结果，使得学习过程更符合认识论的原理，形成实践—认识—再实践—再认识的反复渐进和升华的过程，这就使得学生的学习生活化、信息化、实践化，总体上拓宽了学习的方式、内容和方法，有利于增强学生学习兴趣，强化学习手段，充实学习方法，提高学习效率，最终拓宽学生的知识面，提高学生解决问题的能力，实现学生身心素质的全面发展。①

（三）规范学习要求，突出实效性

1. 建立平衡制度

当小组成员多为"活跃分子"时，讨论的积极性就高，探究往往会获得较好的成效；相反，若小组成员多由"消极分子"组成，讨论的积极性不高，合作探究就会流于形式。探究小组成员的组成要具有一定的科学性、合理性，如以优带差，"一帮一"等，促进小组成员之间深入研讨，避免小组之间差异

---

① 佚名.拓展学习[EB/OL].[2013-10-12]. http://baike.baidu.com/link? url=Bv3DBVLqCcNE 1rhb8223txhrmPMhyJjnJ7e_y2jPmjj3aD9ePfFJjYCxAyFTrXvao67RAKG28_AKQ-SVEW9-y_.

过大。分组应坚持组内异质、组间同质的原则,这样既为小组内部互相帮助提供了可能,又为各小组间的公平竞争打下了基础。

2. 制定合作制度

合作学习是一种通过小组或团队的形式组织学生进行学习的一种策略。制定合作制度的目的是明确规定学习成员的责任、方法和要求。健全的合作制度,能激发学生的探究兴趣,也能使探究真知更为有效地开展下去。在探究过程中,学生可按既定合作制度进行合作。合作学习的基本模式主要有竞争、辩论、合作和设计等。①

(1) 竞争

竞争是指在教师的指导下,两个或更多的学习者,为了更好地完成学习任务、达成学习目标而进行的相互比赛。辅导教师根据学习目标与学习内容,对学习任务进行分解,由不同的学习者"单独"完成,看谁完成得最快最好。辅导教师对学习者的任务完成情况进行评价,其他学习者也可以对其发表意见。各自任务完成后,就意味着总任务的完成。

(2) 辩论

合作者之间围绕既定主题,首先确定自己的观点。辅导教师(或中立组)对他们的观点进行甄别,选出正方与反方,然后双方围绕主题展开辩论。辩论的进行可以由对立的双方各自论述自己的观点,然后针对异方的观点进行辩驳,最后由中立者对双方的观点进行裁决,观点论证充分的一方获胜;也可以不确定正反双方,而是由不同小组或成员叙述自己的观点,然后相互之间展开辩论,最终能说服各方的小组或成员获胜。

(3) 合作

多个合作者共同完成某个学习任务,在任务完成过程中,协作者之间相互配合、相互帮助、相互促进,或者根据学习任务的性质进行分工协作。不同协作者对任务的理解及其观点不完全一样,各种观点之间可以互相补充,从而圆满完成学习任务。

(4) 设计

它是基于学习者综合能力培养和面向过程的协作学习模式。由辅导教师

---

① 佚名. 协作学习[EB/OL]. [2013-10-12]. http://baike.baidu.com/view/68097.htm.

给定设计主题，该主题强调学习者对相关知识的运用能力，如问题解决过程设计、科学实验设计、基于知识的创新设计等。在设计主题的解决过程中，学习者充分运用已掌握的知识，相互之间进行分工、协作，共同完成设计主题。辅导教师要及时发现并总结学习者的新思想和新思路，以便于提高全体学生对知识的综合运用能力。

导学案例

小组互助　实效探究①

学生探究"影响弦的音调高低的因素"时，其活动重点是掌握选择和控制变量的科学思想以及控制变量的意义所在。因此，要求学生在交流设计方案时，每个小组向全班介绍和解释他们的设计，从而在交流过程中，促进学生进一步提升自己的科学方法，帮助学生思考自己的合理性，便于他们修改方案。

下面是第一小组展示时的师生对话。

生：我们想探究弦的粗细是否会影响音调的高低，所以我们首先选择两根塑料弦进行实验，这两根塑料弦的粗细应该是不同的，然后在长度相同的情况下拨动这两根弦，看一看音调的高低。

师：（面向全班）你们对他们小组的方案有何建议？

生：我建议他们可以挑选金属弦来做。

生：我认为他们小组既然探究的因素是"粗细"，除了保持这两根弦的长度相等，还应该注意两根弦是同样张力，因为弦的张力也有可能会影响音调的高低。

师：很好，你补充了第一小组疏忽的因素——弦的张力。那么，为什么要控制弦的长短和张力呢？

生：为了排除弦的长度、张力因素的干扰。

生：这样做得到的结果较可靠，令人信服。

师：对，科学实验，要运用科学的方法，才能得出科学的结论。如将弦

---

① 杨光泉.新课程课堂教学艺术[M].成都：四川教育出版社，2006：150.

的"粗细"这一因素作为可变量，那么就必须使弦的材料、张力、长度等可能影响音调变化的因素保持不变，这是一种常用的实验研究方法。希望其他小组也能注意这个问题。

师：还有问题吗？没有了？（等片刻）老师有个问题。你们有什么方法做到弦的松紧和长度保持相同？

生：弦的松紧可以通过旋转螺旋钉来保持，弦的长度用尺量。（学生拿起弦音器示意，但没有示意清楚）

师：（举起弦音器）有谁知道弦音器上的两根琴码有什么作用？试试可不可以移动？

（学生发言略）

在上面的案例中，教师指导明确，比如，通过转问、追问，巧妙地将学生交流中出现的问题和在操作中遇到的问题提出来，并做出清晰明确的指导，为学生的探究活动提供了必要的支撑。探究机制健全，比如，当一个小组展示成果时，其他小组就认真听取汇报，并提出恰当的质疑与建议。

第五节　多维开放

一、多维开放的内涵

在现代教育理念指导下，课堂教学已从注入式走向多维式，"一言堂"已改变为"众议院"。多维开放是课堂导学主要策略之一。

何谓"多维"？"维"是"维度、要素"之意，在教学上是指组成教学的各个关键的要素，如教师、学生、教材、教法、时间、空间、手段等；同时包括不同维度的教学内容，如课内知识教育、课外知识拓展、方法与技能教学、心理教育、审美价值与道德教育等，涵盖多个维度、多个要素之间的教学内容与要求。教学的"多维"是指多种教学因素的综合。

何谓"开放"？开放是指教师打破师生之间、生生之间的壁垒，打破课堂教学与课外生活之间的界限，采取课内外有机结合的教学方式，充分利用各种课堂资源促进教学。导学的"开放"是指解除学科与学科的限制，打破教师与学生、学生与学生之间的封闭，平等交流、互相促进。

多维开放的导学策略要求多角度、多方向、多维度地激励学生自主学习，开拓学生思维，培养学生分析、概括、判断和观察等学习能力。多维开放导学策略遵循一个宗旨：创造一切条件，让学生行动起来，教师与学生平等对话，多向交流，培养实践能力，发展创新思维。

二、多维开放的前提

（一）挖掘学生的潜能

1. 了解学生

了解学生主要是了解学生的行为习惯与思维特点，尊重和保护学生的独特个性。了解学生的个性特征与个别差异，有助于挖掘学生的潜能，为培养学生能力确定方向。教师要有针对地进行导学设计，以适合学生的认知特点和发展规律，变学生潜能为显能。

2. 相信学生

要让个体差异参差不齐的群体人人自信，主要是端正认识，找准立足点，永远不能让学生以己之短比人之长。学生一旦拥有了自信，步入社会后就不容易成为弱者。这个要求实际上是最高的，但贴近了学生实际，学生容易接受。①

3. 树立目标

鼓励学生必须建立在对学生充分了解的基础上。教师可以明确地提出班级的整体规划，包括各种短期目标和远景规划。对每一个已达的目标进行总结、反馈，适时进行升华，绝不错过每一个细小但却很具教育意义的事例。②

（二）创设开放的课堂

开放的课堂，一是指教学时间的开放，二是指教学内容的开放，三是指教学形式的开放。③

1. 教学时间的开放

注意课内与课前课后时间的衔接，使学生带着自学时的收获和问题进入

---

① 李贤金. 如何挖掘学生的潜能？[EB/OL]. [2013-10-12]. http://res. hersp. com/content/684428.
② 李贤金. 如何挖掘学生的潜能？[EB/OL]. [2013-10-12]. http://res. hersp. com/content/684428.
③ 佚名. 如何打造开放性的课堂？[EB/OL]. [2011-08-12]. http://xiaoqiaoqiao. good. blog. 163. com/blog/static/66155684201332541034828/.

课堂，带着新的收获和新的问题走出课堂。课堂上尽量让每个学生都不浪费属于自己的宝贵时间。

2. 教学内容的开放

必须尽量把自然中、社会中的内容引入课堂，尽量联系生活实际来帮助学生理解和感悟。这可以通过实物或表述、图片、录像、课件等再现自然或社会内容，或通过引导学生朗读、联想、想象、表达、表演等方式表现课文情境。

3. 教学形式的开放

内容决定形式，形式促进内容。比如，对诗歌、散文教学可举行配乐朗诵会，并自制背景画面，加深对作品的理解；又如小说，我们可以编排课本剧，以演促读，以读促写，从而提高学生的阅读鉴赏能力等。教学形式的开放，必将把学生带入广阔的学习天地。

教学案例

我们愿意去南极①

（1）观看录像

只看画面隐去了伴音（即课文录音）。在看录像之前就要学生边看边猜测画面反映的内容；看过录像之后，以每个人独立准备英语表达自己所猜内容为基础，小组内进行讨论，然后推选同学向全班汇报自己组织的语段。其中，为了使学生根据观察到的景象，猜测和讨论"南极景色""一艘科学考察船及其考察任务""从南极回来的科学考察船""天气"等，教师可以充分调用他们此前已形成的英语素养，使其对课文内容形成多方面的预期。

（2）初步感知

分听三次录音，了解课文内容。第一次，完整观看课本剧录像，同时听课文内容伴音；第二次，在自己初读课文之后，边看边听录音；第三次，跟着录音阅读课文。

---

① 郑金洲.开放教学[M].福州:福建教育出版社,2005:116.本文略有修改。

（3）探究新知

在初步感受课文后，找出自己觉得需要进一步理解的单词和句子，分小组查阅词义、分析句型并讨论用法；在此基础上，再全班交流。在这个过程中，教师应及时关注学生对单词、句子和课文的理解，并有针对地解决一些难点问题、提供变式练习。

（4）深入学习

整体熟悉课文，布置进一步的练习。

教师首先隐去课文录音，让学生观看课本剧录像。在看录像之前，要求学生边看边猜测画面反映的内容；看过录像之后，每个人独立准备用英语表达自己的猜测，并进行小组讨论，最后汇报成果。在这种多维开放的导学下，学生习得的不是僵化的知识，而是经过自己主动参与、积极体验而获得的具有深刻性与启发性的知识。

三、多维开放的运用技巧

（一）关注过程，师生协作

学习过程是指学生在教学情境中通过与教师、同学以及教学信息的相互作用获得知识、技能和态度的过程。在"填鸭式"教学中，教师仅注重自身教学任务的完成，而忽略学生的接受过程，忽视学生的学习需要。学生为了结果而死记硬背，难以形成系统的知识结构。多维开放的导学策略要求教师注重"导"的过程，引导学生从点到线、从线到网、从网到面逐步深化认识。教师的多维开放导学，可以促进学生深入探究学习，不断进步。

导学过程是一个实现教学任务、提高教学质量的过程。在导学过程中，教师应了解学生的想法与疑惑，并对其进行有针对性的引导；或在学生创新性思维中挖掘更多的教学资源，延伸课外知识，拓展学生的知识面。总的来说，导学要关注学生的学习过程，把握交流协作的机会，最终促进学生的全面发展。

（二）生疑质疑，讨论交流

要进行多维开放导学，生疑激趣不可缺少。爱因斯坦说："提出一个问题往往比解决一个问题更重要。"富有讨论价值的问题才能让人"生疑"，才能让人"质疑"。生疑质疑是学生产生求知欲的基础，是促进创造性思维的关键。教师要善于设置问题，组织学生进行讨论交流，让学生在思想碰撞中收获知识、锻炼能力、相互促进、共同进步。同时，教师要分析问题的性质，对不同类型的问题进行不同的指导，以挖掘学生的潜能，使其全面发展。

问题设计要有开放性，避免直接在教材中选取问题进行探讨。对于教材中较简单的问题，可呈现在导学案中，促进学生初步了解教学内容。问题要体现一定的生活性，即现实性，这样才能激发出学生讨论交流的积极性，提高学生的参与度。而对于不同性质的问题，教师要注意导学方式。对于有分歧的问题，教师要"引而不发"，不急于下结论，而是帮助学生打开思路，自由思考，自由争辩；对于推测性的问题，则要帮助学生抓住问题的实质，让学生根据问题挖掘信息，为自己推测的思考寻找有效的理据；对于反常夸大的问题，教师应引导学生从生活常识上进行分析，传递正确的情感态度与价值观；对于文学类的夸张，则可引导学生进行模仿探究，学习特殊的表现手法；对于疑窦较深、较难理解的问题，教师则要注意暗示，提供一些有用的信息，帮助学生探究，以促进学生的创新性思维。

（三）抓住时机，点拨指导

教师要注意指导的时机。对于基础知识，教师可运用先学后教的导学模式，让学生在自学中获取知识，掌握要领，提出自己的疑惑，以便教师开展有针对性的指导；对于教学知识重点难点，教师则要注意教学内容拓展，通过联系生活，让学生产生知识迁移。多维开放的导学策略主张学生用开放的思维来思考开放性的内容，促进创新性思维发展。

如何抓住时机，点拨指导？我们可以从下面五个"点"出发。[1]

1. 利用学生的兴趣点

在组织学生经历"问题发现—确定主题—活动策划—活动实施—总结交流"的实践过程中，每一个阶段的实施都是以兴趣为基础，充分调动学生实践的主动性，以保证活动的持续有效开展。

2. 抓住学生的矛盾点

在学生开展实践的过程中，很容易遇到一些矛盾，特别是小组间的合作，

---

[1] 吕会进.把握指导时机,引导学生有效实践[EB/OL].[2013-10-12].http://blog.sina.com.cn/koukou1972.

矛盾是经常发生的，这严重影响了学生实践的正常进行。这时，有的学生会主动找到指导教师去寻求解决方法，有的干脆激化矛盾，发生"散伙"、"换组"之类的事。对此，指导教师应抓住这些矛盾进行及时指导，以便大大提高学生实践的有效性。

3. 围绕学生的疑难点

由于综合实践活动课具有开放性与生成性的特点，学生在实践中遇到的疑难问题具有不可预测性，这些困难和问题如果得不到及时解决就会阻碍学生的有效实践，因此需要教师及时帮助学生排除障碍。

4. 寻找学生的需要点

在学生进行实践活动时，往往会遇到诸如与相关人员或单位联系、有些方法不知道如何做等问题，这时他们内心会产生迫切需要帮助的愿望，如果教师能够及时发现，并给予"雪中送炭"式的指导，教学效率自然会更上一层楼。

5. 借用学生的闪光点

学生之间存在差异性，因此在实践中必然会出现做得好的学生和小组，也必然会出现做得差的学生和小组。面对这种差异，指导教师不妨借用部分学生的闪光点，给其他学生做示范引导，这也是一个不错的指导策略。

第六节　实战案例：如何选择课堂导学策略

一、实战案例

啄木鸟和大树①

1. 初读课文，自主激疑

师：请同学自由读课文第2～9自然段，边读边找出课文中描写的是一棵怎样的大树。（学生自由阅读）

生：这是一棵干枯的树。

---

① 邹塘铨.课堂新探索：课堂教学实例评析[M].杭州：浙江教育出版社，2004：11-15.本文略有删改。

生：叶子稀稀拉拉的树。

生：是年轻力壮的树。

师：在你们的印象中，干枯的树和年轻力壮的树是怎样的？

生：年轻力壮的树的树干是很粗、很结实的。

生：干枯的树上叶子很少，有很多虫子，树干细细的。

师：你们的想象力真丰富。（贴出两幅大树的图）看，和你们想象的一样吗？一棵大树，开始是那样的"年轻力壮"，没过几年，就成了一棵枯树，让我产生了许多疑问，你有问题吗？

生：年轻力壮的树为什么会变成干枯的？

生：啄木鸟为什么不去给大树治病？

生：大树为什么不让啄木鸟治病？

2. 小组合作，探究解疑

师："年轻力壮的树为什么会变成干枯的？啄木鸟为什么不去给大树治病？"这两个问题与"大树为什么不让啄木鸟治病？"这个问题有关系吗？我们就一起研究吧！

（点击课件——探究学习建议：①分组合作学习第2~8自然段，用你喜欢的学习方式去读课文，探究问题。②画出与探究内容有关的词句。③想想读了这些词句，你明白了什么？小组合作学习讨论）

师：请各小组汇报讨论结果，说说你们抓住哪句话来解决这个问题。

生：我们小组是抓住大树对啄木鸟说的话来研究的。"大树叫起来：'别啄我，别啄我，痛死我了！'"从这句话中可以读出大树因为怕痛，所以不让啄木鸟治病。

师：你们是从哪个词看出来的？

生：从"叫起来"和"痛死我了"可以看出来。

师：你们小组读得真仔细，啄木鸟啄一下，多痛啊！还是别碰我！你能把大树怕痛的感觉读出来吗？（学生有感情地朗读句子）

生：我们找到了这个句子："大树生气地说：'我这样年轻力壮，身上哪会有虫啊？'"大树认为自己年轻力壮，身上不会有虫，所以不让啄木鸟治病。

师：读一读，大树的心情是怎样的？你觉得这是一棵怎样的大树？

生：大树说话很生气。我认为这棵大树很有自信。

生：不，是很骄傲，因为它不接受别人的意见。

师：体会得真好，谢谢你！谁还找出别的句子？

（不同小组进行成果汇报，教师根据学生的学习情况，给予一定的指导教学）

3. 展开想象，深化主题

师：这棵干枯的树是这样痛苦，叶子变得稀稀拉拉，枝条也渐渐干枯，很多虫子在他身上爬来爬去，咬着树干。大树流下了眼泪，会说什么？

生：快来救救我吧！

生：我好后悔，没有听啄木鸟的话。

生：它会对旁边的小树说：小树呀小树，你可不能和我一样，小病不治，变成大病就危险了啊！

师：是呀，如果大树听了啄木鸟的话，接受了啄木鸟的治疗，故事的结局该有多美好！让我们再来读读啄木鸟的劝告吧！（生齐读句子）

师：要是把这句话当作是别人对你的劝说，你再读读它，会有哪些不同的体会？

生：有一次我有些感冒，妈妈叫我吃药，我不肯吃，结果感冒更加严重，还到医院打点滴。今天读了啄木鸟的话，觉得下次生病一定要赶快治。

师：你有这样的体会真不错。还有不同的体会吗？

生：上次肚子痛，医生给我动了手术，还割去一小节盲肠。医生说晚一点送去就有生命危险！我觉得啄木鸟的话真有道理。

师：你还有切身体验呢！刚才你们都说了肉体上的病，除此之外，这个"小病"还可指什么？

生：还指我们身上的小缺点。比如我们上课爱做小动作，如果不改掉这个缺点，就会影响学习。

师：说的真好。我们大人对这句话的感受肯定和你们不一样，你想了解吗？那就到生活中去，向你周围熟悉的人去调查研究，听听他们对这句话有什么不同的想法。

二、实战经验

教学活动是引导学生自主感知、感受、感悟课文的过程。在语文课堂上，自主探究是促成教师、学生与文本三方对话的重要前提，也有利于激发师生的思维碰撞。

（一）设置主线，循序渐进

"请同学自由读课文第2～9自然段，边读边找出课文中描写的是一棵怎样的大树。"上课伊始，教师开门见山，要求学生带着问题初读，让学生初步整体感知。教师以"这是一棵怎样的树"这一问题触动学生的思维之门，引发学生对学习重点的关注。教师遵循循序渐进原则，依据知识之序设计导学，以问题"这是一棵怎样的树"贯穿全文。导学正是沿着这条主线层层递进，既促进了学生深入探究，又检测出了学生掌握知识的程度。

此外，教师根据二年级学生思维具体形象的特点，用图形展示课文内容，让学生先想象、再看图、后探究，符合学生的认知心理。此外，学生联系文本、发现问题、主动质疑，为探究学习打下了坚实基础。

（二）合作探究，共同发展

合作探究是指导引学生的探究学习以促使学生进行主动的知识建构。合作探究是在学生主动探究、主动学习的基础上，合作交流、共同促进。"'年轻力壮的树为什么会变成干枯的？啄木鸟为什么不去给大树治病？'这两个问题与'大树为什么不让啄木鸟治病？'这个问题有关系吗？我们就一起研究吧！"学生在教师的指导下，分组合作学习第2～8自然段，探究问题；画出与探究内容有关的词句；思考相关句子的含义。在合作探究中，学生形成了一种伙伴关系，优势互补，资源共享，在和谐、民主的氛围中进行交流和讨论，并最终借助集体的智慧进行探究学习。在合作探究中，学生相互学习、互通有无，既竞争又合作，从而促进了学生的共同发展。同时，教师以指导者、组织者的身份参与学生的合作探究活动，"零距离"的接触使导学更加深入，并强化了导学效果。

（三）联系生活，加深认识

陶行知先生说："教育只有通过生活才能产生作用并真正成为教育。""我们大人对这句话的感受肯定和你们不一样，你想了解吗？那就到生活中去，向你周围熟悉的人去调查研究，听听他们对这句话有什么不同的想法。"教师引导学生联系生活，根据自身的生活体验，加深对"改正缺点有助自身成长"主旨的领悟。学生联系生活进行思考，获得了对生活、对社会、对人生的感悟，获得了对现实生活中人性的丰富性和复杂性的认识。当学生的理解有偏差时，教师并没有简单否定，而是循循善诱，帮助学生正确理解课文主旨。

三、实战策略

自主式、探究式、合作式、任务式等导学模式各具特征，但相互之间并非格格不入，而是常常以一种为主，结合其他模式使用；导学模式也并非一成不变，而是在保持基本模式的基础上，灵活变通。

（一）开放多维，延伸拓展

导学倡导主体探究、师生互动、生生合作，这要求以开放性的观念促进学生的思维活动。

1. 提供开放环境，满足开放性思考的需要

一般从两方面给学生提供开放环境。一是资源环境：学习不仅仅是教材的内容，还应有课外的知识，在教材的基础上大量阅读相关的课外读物是开放性思考的有效补充与延伸。二是思维环境：创造多样化的思维环境，这对于提高学生思维的变通性和广阔性是非常重要的。教师在教学中要不失时机地创设思维情境，千方百计地为学生提供创新素材和空间，用"教"的创新火种点燃"学"的创新火花，才能有效地培养学生的独创性。教师应引导学生批判地接受前人的各种思想去思考、去解释，巩固学习成果。只有坚持启发式导学才能保证积极宽松和谐的学习环境。

2. 设置情境问题，引导学生进行开放思考

学生借助语言材料在头脑中建立图像，对图像进行选择加工，并不断扩展思维的范围，把记忆系统中的信息进行重新组合、加工。教师要注重引导学生进入情境，根据教学内容，设置疑点，引导学生对学习内容进行再造想象，训练学生思维的灵活性、独创性，鼓励学生从不同方面、不同角度进行思考。

3. 以任务为驱动，引导学生进行自主学习

在开放性思考中，运用任务驱动进行学习，让学生在教师设计的任务下

进行自主学习，往往能达到"凡能力总要在实践中得到锻炼"的效果。驱动学习是引导学生紧紧围绕一个共同的任务，在强烈的问题动机驱动下，通过对学习资源的主动应用进行自主探究，并在完成既定任务的过程中掌握自主学习的方法。任务设计要体现层次性，让学生在发现问题、思考问题、解决问题的过程中获得创新思维的发展。

（二）循序渐进，注重过程

教师应按照一定的步骤引导学生自主学习，由易到难，由简到繁，逐步深化提高，使学生系统地掌握知识，达成学习目标。教师要关注学生的学习细节，以激励性评价进行引导。

1. 提供问题情境

学习的情境必须有利于学生对所学内容的意义建构，这就对导学设计提出了新的要求。也就是说，在建构主义学习环境中，导学不仅要考虑教学目标分析，还要考虑有利于学生建构意义的情境的创设，并把情境创设看作是导学最重要的内容之一。

2. 确定研讨主题

导学过程实质上就是师生双方不断发现问题、提出问题、研究问题和解决问题的过程，教学目标一旦被确定了，整个导学过程就应该围绕着它展开。

3. 修正促进发展

学生之间为了达到学习目标，成员之间可以采用对话、商讨、争论等形式对问题进行充分论证，以期获得达到学习目标的最佳途径。合作学习是一个合作、讨论、协商的学习过程，可以让学生充分表达自己的思想，通过相互启发、思维碰撞，擦出智慧的火花，寻找尽可能多的以及最优的解决问题的办法。这实际上是一个求异、求同、求优的过程，有利于培养学生的创新思维。

4. 学习成果展示

要求每个学生对问题进行分析，提出自己的观点；或者对学习过程进行评论，提出自己的意见，形成自己的最终学习成果，并在讲台进行展示。

（三）有法可导，创新模式

导学模式是教师引导学生进行自主学习的标准形式，或者说是使人可以照着做的标准样式，它有助于教师更好地达成教学目标。在导学过程中，教师可依据某一导学模式设计出科学合理的引导方案。一个良好的导学方案，可以让导学达到事半功倍的效果。

但是，模式毕竟是一种参照性指导方略，虽有一般规律可循，但无论多么先进，都不一定能够适合所有班级、所有学生。因此，教师要从学生的学情与认知特点出发进行变通，灵活运用教学手段和方法达到预期的教学目标。教师要有创新精神，要根据教学内容、班级实际不断研究导法、创新导法。

学习过程是从点到线、从线到网、从网到面的过程。相应地，导学是一个由简到繁、由低级到高级、由直观到抽象的循"序"过程，需要爱心与耐心支撑，需要一步步地开展。认识是一个逐步深化的过程，而导学则为认识提供指南，可以让学生更正确、更快速地掌握知识。

第四章

课堂导学的技巧

　　苏霍姆林斯基说："教育的技巧不在于能预见到课的所有细节，而在于根据当时的具体情况，巧妙地在学生不知不觉中做出相应的变动。"

　　19 世纪著名的数学家、物理学家麦克斯韦小的时候，有一次父亲叫他画静物写生，对象是插满秋萝的花瓶。等到麦克斯韦画完交卷时，父亲边看边笑了起来。因为满纸涂的都是几何图形：花瓶是梯形，菊花成了大大小小的圆圈，还有一些奇奇怪怪的三角形，大概是表示叶子的。细心的父亲立即发现了小麦克斯韦对数学特别敏感：在他的眼中，许多事物都是几何图形。于是父亲就开始教他几何学，后来又教他代数。果然，麦克斯韦不久就在数学方面显示了惊人的才华：15 岁时就发表了一篇数学论文。

　　每个孩子都是一块未经打磨的璞玉，都有自身可贵之处。教师的指引教导将对学生的发展起至关重要的作用。但应该如何引导？这的确是值得思考的问题。

　　一节成功的课不在于教师对学生灌输了多少知识，而在于学生在教师指导下，是否通过自主学习获得了知识，并将之运用到实践中。导学有技巧，若做到抓住时机，"投其所好"，教师则能教得轻松，学生亦能学得愉快。

第一节　导学时机

一、导学时机的内涵

在《现代汉语词典》中，"时机"一词解释为："具有时间性的机遇，指有利的客观条件。"在生活中，时间与机遇转瞬即逝，难以预测，因此，任何一个时机都有可能影响或改变人的一生。教学的时机同样重要，一个关键的时间点，或一个关键的事件，都有可能影响一节课的成败。

孔子在《论语·述而》中提出："不愤不启，不悱不发。"把握教学时机很重要。在学生表现出强烈求知欲望之时，教师如果及时给予启发和引导，就有利于学生掌握知识，获得良好的教学效果。我们可以把导学时机理解为：在教学过程中，教育者与学习者之间客观存在的，可以促进学生思维发展、获得良好教学效能的机遇或时间点。其中，学生的主体能动性对导学时机的产生与发展有着一定的影响，教师的教学活动也会随着学生的生成性问题与导学时机的出现、形成，产生一定的变化。所以，在教学过程中，把握导学时机，对课堂的掌握与教学的有效进行有着至关重要的作用，是决定教学成败的重要因素。

在新理念教学下，教师的教学活动由"讲授"转变为"导学"，"一言堂"的课堂变换为学生讨论、交流、合作的平台，这对教师把握导学时机是一个挑战。

二、导学时机的特点

研究和把握导学时机的特点，是创设、捕捉和利用导学时机的必要前提。从学生心理、行为活动与课堂教学的特性来分析、研究导学时机的特点，能够帮助教师掌握导学时机，提高教学效率。

（一）内隐性与外显性

1. 内隐性

内隐性是导学时机的基本特点。在课堂教学中，教学时机并不是突然出现的，而是受到学生认知水平与身心发展水平影响的。学生的认知水平影响着教师对学生的指导时机，如认知水平较低的学生，所要求的导学时间会比较靠前；认知水平较高的学生，所要求的导学时间会比较晚，即自身能够通过自主学习获得基础知识，能够发现疑难问题，若遇到实在难以解决的问题时才需教师的导学。学生的身心发展水平同样会影响导学时机的出现，如身心发展健康的学生积极投入学习，教师的导学能够为其进行深入思考起到促进作用；而部分顽皮的学生反而会扰乱课堂纪律，此时的导学时机发生了变化，主要是引导学生转入学习正轨，进而激发他们的学习兴趣。

2. 外显性

导学时机的形成总有一定的外部条件。其中，这些外部条件会刺激学生，激发他们的学习兴趣，这有助于教师进行导学。但外部条件如何引起学生发生积极反应，就取决于学生个人的认知水平、知识经验、个性特点与当时的心理状态等内部因素。因此，面对同样的外部刺激，不同的学生会产生不同的反应，引发的导学时机也不同。此时，教师要注意把握导学时机，最大限度地引导学生学习，实现因材施教。

（二）偶然性与必然性

1. 偶然性

偶然性是指事物发展变化过程中可能出现也可能不出现、可以这样发生也可以那样发生的情况。对于动态的课堂来说，各种天马行空的问题都有可能被提出，各种各样的状况都有可能出现。这些难以预见和控制的因素，会为课堂带来新鲜的活力，引起学生的思维激荡，诱发各种偶然性导学时机的出现。

2. 必然性

各种偶然性背后总有一定的必然性。恩格斯说："在表面上是偶然性起作用的地方，这种偶然性始终是受内部隐蔽着的规律支配的。"某些偶然性导学时机的出现也是受到内部隐蔽的规律支配影响。如在教学难点处，学生会产生认知学习困难，而在此时，学生所提出的疑问会较多，思维处于积极活动的状态，导学时机也就较多，这就是导学时机的必然性。教师应该积极捕捉导学时机，使教学活动得到更好开展。

（三）易逝性与非逆性

1. 易逝性

"机不可失，时不再来。"时机是短暂的，容易消逝的。灵感是难以预测的因素，常常灵光会一闪而过，如流星般出现。对于这种突发性、偶然性的导学时机，教师要有强烈的、敏感的时机意识，善于抓住，充分利用，让每一次导学时机发挥出最大效用。

2. 非逆性

非逆性就是不可重复性。一样的内容，在学生不同的心理状态下，会产生不一样的学习活动性质，所表现出的导学时机也有所不同。可以说，最佳的导学时机都是单程的，往往难以重复。

（四）开放性与可控性

1. 开放性

新课程倡导自主、合作、探究等学习方式，主张学生在教师的指导下进行主动、具有创新性的学习活动。这种学习活动是开放性的，导学时机也呈现出开放性，教师创设、捕捉和利用导学时机的方式也变得多样化。因此，教师可以借助多样化的形式引导学生学习，促进学生创新性思维的发展。

2. 可控性

教师根据教学目标对导学时机进行把握，比如，能否有效达成教学目标，能否有效突出教学重点等。因此，教师始终要关注学生，以学生为主体捕捉导学时机，根据学生的需要创造导学时机，以便有针对性地开展教学活动。

三、导学时机的把握

在动态的课堂中，导学时机的把握似乎是一件较为困难的事情。教师不但要明确教学重点难点，了解学生的学习需要、心理状态等各方面因素，而且要眼观六路，耳听八方，只有这样才能及时捕捉导学时机。把握导学时机，一般分成四个阶段，即时机的创设—时机的捕捉—时机的利用—时机的升华。

（一）导学时机的创设

辩证唯物主义认为，世界上所有的事物无不处于普遍联系中，因果联系就是整个世界普遍联系的一个部分和环节。[①] 导学时机所构成的时间、空间与学生的心理状态相适应，导学的时间、空间通过一定的媒介建立与学生心理状态的一种相应关系，而这一媒介是指教师的创设、诱发。也就是说，教师根据学生的心理状态创设情境，捕捉学生的思维火花，等待导学时机，以提高教学效率。

导学时机的创设需要根据教学目标进行，这就要求教师必须深入理解教学内容，整体把握教学情况，创设学习情境，激发学生的积极性与求知欲，以发挥导学时机的有效性。导学时机的有效性是指教师从教学目标出发，从导学的时间、空间的选择，到多媒体和感性材料的使用，都要讲究实效，使导学时机发挥最大作用。

教学案例

合理分配[②]

在教学《按比例分配》一课时，刘老师联系学生的生活，提出这样一个问题："学校最近新买了 80 本科普读物，准备分给咱们班的 5 个小组，你们认为应该怎么分才合理？"

问题刚一提出，学生们就像开锅的水一样，情绪沸腾，争论起来。

"当然是平均分啦，这样每个小组就会分得 16 本书。"最快的同学马上发表意见。

"可是咱们班的 5 个小组人数不相等啊！"有学生提出质疑。

"对啊，有的小组 8 个人，有的小组 6 个人，如果按小组平均分，有些学生得到的就多，有的得到的就少，这样分不合理！"其他学生也觉得不能平均分。

"如果不平均分，怎么分啊？"认为该平均分的学生口气明显低落了，但仍不服输。

是啊，该怎么分？教室一时安静下来，大家在积极想对策。

---

① 孙孔懿.教育时间学[M].南京:江苏教育出版社,1998:260.
② 胡涛.拿什么调动学生:名师生态课堂的情绪管理[M].重庆:西南师范大学出版社,2008:97.

"应该按每组人数来分。"突然有一学生打破沉默。刘老师眼睛一亮，及时引导道："怎样按各小组的人数多少来分呢？"

大家再次展开热烈的讨论，最后大家一致认为可以先算每组人数各占总人数的几分之几，再用总本数乘几分之几。

听完学生们的意见，刘老师微笑道："大家非常聪明，你们创造了按比例分配的方法。下面，大家就按这种方法算算你们每个小组应该分多少本书吧。"

学生不断提出假设，但教师并不急于指导，而是让学生不断发现问题，不断提出质疑，直到处于知与不知的矛盾中，即学生在质疑与讨论中获得部分答案后。这时，导学时机成熟，教师才给予引导，学生获得知识也就水到渠成。

在导学时机的创设过程中，教师始终要关注学生的反应，观察学生的心理变化过程与思维发展过程，要在时机成熟的前提下，避免在学生思维最活跃之时，要等待学生处于矛盾不解之时，给予一定指导，这样才有助打开学生的思维大门，并最终达到指导教学的目的。

（二）导学时机的捕捉

教师若要捕捉最佳的导学时机，便要寻找关键点。在这一过程中，教师的直觉起着重要的作用。直觉是与地点、时间感结合着的专注而迅速的思考，具有直接性、快速性和对直觉成果正确性的坚信感等特征。[①] 敏锐的直觉能够帮助教师有效捕捉导学时机，及时对学生进行积极引导。根据学习主体的心理活动变化过程，导学时机可以分为三个层次：课堂之初，学生学习的兴奋阶段；知识深入学习，学生的疲劳阶段；课堂结束，知识扩展延伸阶段。

1. 兴奋阶段

课堂之初，教师常通过情境创设来激发学生的学习兴趣，以寻找导学时机。此时是新旧知识联结点，学生的认知水平还停留在上节课的学习内容中。教师可以围绕教学目标，以旧知识作为基础进行问题情境设计，先吸引学生的注意力，再深入提出问题，后将学生引向新知识，发现问题，提出质疑，

---

① 孙孔懿.教育时间学[M].南京:江苏教育出版社,1998:258.

接受指导，从而进行新知识的学习。这个导学时机既有利于对旧知识的回顾巩固，也有助于学生对新知识的理解，更容易实现教学目标。

2. 疲劳阶段

教学活动进行一段时间后，情境导入产生的热情逐步减弱，教学内容逐渐由情境化趋向理性化，学生的积极性慢慢削弱，思维处于疲劳时期。此时，导学时机发生了变化，教师应凝聚学生的注意力，比如增加语言的幽默性，设置教学的悬念，重新唤起学生的学习兴趣。

3. 知识扩展延伸阶段

教学结束之时，总结评价和当堂达标训练增加了导学时机。课外知识的延伸，能够再次激发学生的思维活动。教师的及时指导能够起到查漏补缺的作用，有助于学生巩固新知识。

下面是一节语文课上，教师通过导学时机的捕捉而进行有效教学的情况。

导 学 案 例

富饶的西沙群岛①

《富饶的西沙群岛》一课，学生对于"海防前哨"、"南大门"的理解很困难。此时教师利用大屏幕出示"中国行政区域图"指出其地理位置并介绍其重要性，使学生变抽象为直观，不仅理解了"海防前哨"的意义，还明白了为什么称其为祖国的"南大门"。

当课文中出现学生难以通过教师语言描述而感受的词句时，可以借助电教媒体的帮助。教学"绽开"、"蠕动"、"交错"这些词语时，教师联想到中国民间的皮影艺术，便巧用幻灯投影，双手合十做含苞待放的花蕾状，接着手指微张，又随即张开，学生恍然大悟，原来这就是"绽开"；理解"蠕动"时，教师一手微曲，像波浪一样慢慢地伸缩，活脱脱一只懒洋洋的海参。学生会意而笑；教师再交叉十指，演示"交错"。

学习第二段时，教师问学生：海水呈现出哪些色彩？

生：有深蓝的、淡青的、绿的、淡绿的、杏黄的……

---

① 刘喜梅.好课是怎样炼成的[M].长春:吉林大学出版社,2010:103.本文略有删改。

师：这么多的颜色，作者用什么词概括？

生：五光十色。

师：形容颜色多，还可以用哪些词？

（扩展思维，进行语言积累，进行换词训练）

生：五颜六色、色彩斑斓等。

师：作者为什么不用同学们换的词，而用"五光十色"概括西沙群岛海面呈现的色彩呢？

此时，学生从视觉到思维都很难辨析出，教师便相机播放配乐录像。课文叙述的内容变成了流动的画面，化无色为有色，化静为动，学生如闻其声、如临其境，加深了学生对课文的理解，并培养了其观察事物的能力。

教师通过导学情境的捕捉，使用多媒体等教学手段，以形象的方式呈现教学内容，激发学生学习的兴趣。

（三）导学时机的利用

创设和捕捉导学时机的目的是为了充分利用导学时机。导学时机往往存在于学生理解失误之时、困惑不解之时、课堂失序之时。

1. 理解失误之时

在学习过程中，学生的错误是难以避免的，是伴随着知识深入而增加的。在传统教学中，教师把学生的错误看作是一种致命过失，常以严厉的批评制止学生的错误再次出现，但效果往往不令人满意。布鲁纳说，学生的错误都是有价值的。应该把学生的错误当作一种宝贵的资源，这是导学的好时机。教师若能抓住学生所犯的错误，生成教学资源，将学生偏离的思维"拨乱反正"，并指明探究方法的话，将大大有助于学生对知识的深刻理解。

2. 困惑不解之时

在教学内容重点难点之处，学生容易掉进思维的十字路口，难以进行突破。此时，教师的导便有指点迷津的作用，可以为学生指明前进的方向，或帮助梳理知识，或帮助理清思维，或帮助揭示学习方法，最终促进学生深入学习。

3. 课堂失序之时

在教学过程中，一切状况都有可能出现，如学生注意力不集中、外界事物扰乱课堂秩序、学生的"百家争鸣"过于激烈等。在这类导学时机中，教师的导更多的是将学生的注意力改"斜"归正，这就考验教师的教学机智。教学机智是指迅速发现偶然性事件，并找出合适的解决方法对其进行有效处理。偶然性事件往往难以预料、难以预测，如小鸟飞进课堂、噪音突然响起等，这就要求教师做到冷静与机智，能够不露痕迹地进行处理，给予学生惊喜的同时，可以将注意力引回正轨，使教学活动继续进行下去。

（四）导学时机的升华

通过对导学时机的创设、捕捉和利用，教师的导学活动可以说达到了预期效果。但这不是结束，教师应进一步对其进行深化、升华，激励学生的思维走向深处。在导学时，教师对学生的回答要进行一定的激励性评价，鼓励学生的学习行为，激发学生深化学习的意识。评价是对当下导学活动的总结，是引起下一个导学时机的开端。同时，评价也起着"拨乱反正"的作用，可以将学生混乱的思维梳理清晰，有助于提高导学时机的价值，增强导学的效果。

导学案例

英语里没有母鸡？[①]

一次英语课上，教师正在教"cock（公鸡）"这个单词，突然，有个学生怪腔怪调地问："英语里有没有母鸡？"顿时班上同学哄堂大笑，正常的课堂秩序给搅乱了。

面对这种情况，教师不动声色，仍然用平静的声调说："有，而且还有'小鸡'这个单词。"接着他把这两个单词写在黑板上，带领学生一起读，很快地把学生的注意力引导到教学内容上来。那个发出怪声的学生感到自己的行动并未引起大家的注意，便感到很不好意思。

然后，教师把话题一转："××同学不错，不但想学会'公鸡'怎样读，还想知道'母鸡'这个词，现在全班同学都多学了两个单词，但你刚才提问的语调不好。"接着教师又讲了英语中语调的问题。

---

① 李冲锋.课堂教学应变：案例与指导[M].北京：教育科学出版社,2010:33.本文略有删改。

学生的突发性提问，使得课堂教学陷入一片混乱之中，教学秩序被打破了。此时，教师的教学机智发挥了作用，他迅速抓住导学时机，将学生的突然提问生成良好的教学资源，不但把学生的注意力重新引导到教学内容上，恢复了正常教学秩序，教学活动也得以继续进行；而且扩展了教学内容，丰富了学生的词汇量。教师面临突变而不忙乱，不留痕迹地应对，终于转"危"为机。

教师还将这次导学时机升华，以表扬的形式评价了学生的学习行为；同时，抓住"语调"一词，延伸了教学内容，创设了另一个导学时机。

第二节　导学氛围

一、导学氛围的内涵

在《现代汉语词典》中，"氛围"一词的解释为：人们所处环境的气氛和情调。课堂氛围是指教师与学生的双边活动营造出的精神环境和课堂气氛。课堂氛围对导学起着重要的作用，会影响到导学的好坏，课堂氛围构成了导学氛围。

依据课堂氛围的性质，可分为正氛围和负氛围。正氛围是指积极的、健康的教学环境，能够促进导学活动的开展；负氛围则是指消极的、不健康的教学环境，对导学活动起着阻碍作用。导学效率与课堂氛围成正比关系。教师要注意对课堂氛围的调控，以便营造出良好的正氛围，避免负氛围的出现。

著名教育家赞可夫说，我们要努力使学习充满无拘无束的气象，使学生和教师在课堂上都能够自由地呼吸。如果不能造成这样的教学氛围，那么任何一种教学方法都不可能发挥作用。营造良好和谐的课堂氛围是提高导学质量的重要因素之一，是促进师生平等交流的有效手段。这有助于唤起学生的学习兴趣与学习积极性，可以帮助教师提高导学效率。不同的课堂氛围，如愉快、伤感、沉闷、压抑等，都会影响到导、学双方的情绪，因此，教师应该营造课堂正氛围，以促进导学效率。

二、导学氛围的因素

和谐的导学氛围能够活跃学生思维，加强师生双方的情感交流，促进导学的有效开展。导学氛围可分为两大因素四个方面。一是心理因素，即教师自身的情感掌控和良好师生关系的建立；二是教学因素，即教学方法的合理运用和课堂节奏的有效把握。

（一）教师自身的情感掌控

1. 教师情绪调节

教师情绪的自我调节是营造良好导学氛围的第一步，是维系良好师生关系的首要条件。新课改认为，教师应该由教学的独裁者转变为教学的引导者，以促进学生获得知识、提高能力。教师作为引导者，应把握好自身情绪，以积极向上的精神感染学生。教师要严格要求自己，爱生敬业，严谨治学，以自身良好的行为规范影响学生。师正，则生正。教师的情绪对课堂氛围的形成起着至关重要的作用。

任何人都会有喜怒哀乐，都有可能被不良的情绪所影响，但作为教师，没有权力把私人情绪带进课堂。苏霍姆林斯基说："把所有人和家庭烦恼与痛苦统统留在教室的门外。"因此，每个教师在上课之前都应控制调节好自身情绪，以良好的状态走进课堂。愉悦的、乐观的、自信的、昂扬的情绪能够促进课堂正氛围的形成，为师生对话打下良好的基础。

导学案例

以幽默舒缓情绪①

实验一中的李老师心情不太好，早上起来的时候发现刚三岁的儿子发起高烧，急忙送爱人和儿子到了医院后才匆匆赶到学校。他心想这第一节课师生合作不可能很融洽，因为心里对儿子的惦念会严重影响自己上课的情绪。

刚走进教室，他就发现讲台下放着一袋东西，不知道是什么。于是，李老师用一种厌倦的口气问："这是什么？"平日里他最不愿意看到教室里面放着脏兮兮的东西。

"是可收回的塑料瓶、可乐罐等，要卖掉……"同学们说。

---

① 胡涛.拿什么调动学生:名师生态课堂的情绪管理[M].重庆:西南师范大学出版社,2008:51. 本文略有删改。

还没等说完，李老师就把话说下去："那卖掉的钱是不是给老师买棒冰呀？"

"哈哈，不是给你的，我们要捐给学校的爱心基金会。"同学们开心地笑着。

李老师心想：原来他们是为了捐款特意攒下来的。这时候，他心里的那份担忧随着谈话的深入已经有些变淡了，刚才仅存的一丝不快也荡然无存。

教师也是平常人，会有不良情绪。若教师将个人情绪带入课堂，不但会影响教学，还会影响到学生的情绪，造成压抑氛围，不利于导学的正常开展。

看见讲台上放着脏兮兮的东西，李老师很厌倦。一场风暴即将来临！"那卖掉的钱是不是给老师买棒冰呀？"李老师以幽默的语言化解了情绪危机，舒缓了学生的紧张，课堂氛围由负转正。教师的宽容是解决危机的重要因素，这也体现了李老师较高的专业素质。

2. 教师情感投入

教师是课堂上思想最活跃、情感表现最明显的活动个体。教师的情感、态度和价值观都会有意无意地影响学生的学习状态。现代心理学表明，情感对个体的认识过程具有组织或瓦解的效能，因而师生的情感状态如何，是和谐一致的还是对立冲突的，都能直接作用于学生课堂的学习态度，并会直接影响其学习质量。[①] 教师如果尊重学生、关爱学生，就能够走进学生的内心世界，这有利于良好课堂氛围的形成；相反，教师如果漠视学生、打击学生，就难以与学生和谐相处，容易产生紧张、压抑的课堂氛围。这样的氛围不利于教师引导启发，也不利于学生自主学习，更无法达成教学目标。

适当的情感表达有助于创设良好的课堂氛围。教师可以通过友好的语言、和悦的表情，营造良好的课堂氛围，激发学生积极思考，引导学生的思维向纵深发展，帮助他们提高认识，形成能力。

（二）良好师生关系的建立

师生之间的和谐关系是营造良好导学氛围的基础。新课程改革提出以学生为主体、以教师为主导的教学理念，改变教师"一言堂"、学生"盲目听"的沉闷气氛。那么，具体来说，教师又该如何改变呢？

---

① 崔学志，左绪华. 情感投入：教学中不可忽视的问题[EB/OL]. [2011-01-02]. http://www.chinaqking.com/yc/2011/145107.html.

1. 放下"权威"

教师应树立"教学就是服务"的观念，耐心对待学生的疑问，尊重学生的独立思考，以激励性评价鼓励学生。学生在教师的关心与尊重中，体会到温暖与期望，感受到激励与鼓舞，也会"投桃报李"，配合教师营造和谐的课堂氛围。

2. 平等公正

教师应平等对待每一位学生，不偏爱优等生，不冷落中等生，不歧视后进生，以平等的态度关爱、信任、宽容每一位学生。这要求教师融入学生群体，多与学生对话交流，多给学生抒发己见的机会。以激励代替指责，以宽容的笑容代替严厉的眼神，这有助于师生建立起和谐的关系，有助于实现高效教学的目标。

（三）教学方法的合理运用

在传统教学中，"填鸭式"教学重知识传授而轻能力培养。在新课改理念下，教学倡导以学促教。多元化的教学方法有助于活跃课堂气氛，提高学生学习兴趣，营造良好和谐的课堂氛围，提高教学效率。

教学方法是教师和学生为了实现共同的教学目标、完成共同的教学任务，在教学过程中运用的方法与手段的总称。选择合理的教学方法是促进教学的关键。讲授法、谈话法、演示法、参观法、实验法、练习法、讨论法、读书指导法、实习作业法等，这些都是常见的教学方法，只要运用得正确合理，就能够起到活跃课堂氛围的作用。正确运用教学方法，要从学生情况出发，从教学内容出发，从教学目标出发。同时，教师可配合使用多媒体，创设良好的学习情境，营造和谐的课堂氛围，让学生在良好的氛围下学习，促进其思维发展。

（四）课堂节奏的有效把握

在一堂课里，学习的气氛会随着学习者的心理变化而发生改变。在上课之初，教学内容较为简单，学生学习积极性高，课堂氛围最为浓郁，这是导学的好时机。随着教学的推进，教学内容从简单到复杂，从感性到理性，学生的思维容易进入疲倦期，注意力难以集中，课堂氛围趋向沉闷，这是导学的关键阶段。此时，教师要根据教学内容的重点难点，或学生心理变化，紧紧把握教学节奏，巧妙地将课堂气氛由平缓推向高潮，再由高潮逐步转入平缓，做到动与静、快与慢的结合。课堂节奏要切合学生的学习心理，这有助于提高学生学习的积极性，并最终达成教学目标。

在学习过程中，学生难免会遇到难题。此时学生的学习进度可能会与教师的教学节奏相冲突。在这种情况下，教师应及时分析情况，做出判断。比如，学生若有疑问，教师就要适应学生的进度，放缓教学节奏，有针对性地解答问题；学生若受外界事物影响，教师就要转移学生的注意力，巧妙地将学生的思维引向正轨，重新把握教学节奏，营造出张弛得法的课堂氛围。

导 学 案 例

"复活"的作文课①

一位教师上作文课时，发现学生们的情绪低沉。正在这时，一只小鸟落在了窗台上，学生们好奇地望着这只小鸟。这位教师灵机一动，改变了上课的内容，他开始播放一些森林的图片和各种各样鸟的图片，还让学生听各种鸟叫声，然后问道："听到这些鸟叫声，你们有什么感觉？你觉得它们在'说'什么？"

"它们在唱歌。""它们饿了，想吃虫子了。""它们非常高兴。"……学生们兴奋地说着。之后这位教师又让学生听民乐《苗岭的早晨》。听完后，再次问道："你想到了什么？"有的学生说："小鸟在森林里开演唱会。""小鸟在进行时装表演。"……学生们很有兴趣地议论起来，气氛达到高潮。

这节课气氛较为沉闷，学生配合度较低，再加上外界小鸟的突然闯入，无疑是最差的教学氛围。然而，教师巧妙借助无意闯入的小鸟创设情境，以问题诱导想象。在这一过程中，教师放慢教学节奏，给学生进行想象的时间。接着播放民乐，激荡学生思维，将课堂气氛推向高潮。

三、营造导学氛围的策略

（一）发挥语言的艺术

教学语言是传播知识、完成教学任务、达成教学目标的主要手段之一。富有艺术的语言，能为课堂氛围增添色彩。同一句话采用不同的表达方式，

---

① 胡涛.拿什么调动学生:名师生态课堂的情绪管理[M].重庆:西南师范大学出版社,2008:71.本文略有删改。

所产生的效果是截然不同的。生动具体的教学语言能够增添课堂的活力，幽默风趣的教学语言能够增加课堂的乐趣，积极鼓励的教学语言能够提升课堂的气氛，感情浓厚的教学语言能够营造课堂的情感氛围……这些都有助于促进师生之间的平等对话，有利于教学任务的完成。

相反，假如教师词不达意，表达平淡无奇、生硬冰冷、缺少情感，则会使学生产生厌烦、反感的对立情绪，课堂氛围沉闷也不利于提高学生学习的积极性。因此，教师要发挥语言的艺术，以形象生动的表现力营造积极的课堂氛围，提高导学效率。

（二）因材施"导"，以评促导

教育研究表明，每个学生个体都是不同的，导学应该根据不同学生的认知水平、学习能力以及自身素质，选择适合每个学生特点的学习方法来有针对性地引导，以发挥学生的长处，弥补学生的不足，激发学生学习的兴趣，树立学生学习的信心，从而促进学生全面发展。面对全体学生，教师要一视同仁，不偏袒优等生，不忽略中等生，不歧视后进生，因材施"导"，根据不同的学生给予不一样的指导。

优等生多是积极向上的，思维较为活跃，教师可提出较有挑战性的问题，引导其深入探究；中等生多是自信心不足，教师应以激励性语言提升其自信，诱导学生积极思考；后进生则要关注其心理变化，更多地将学生的注意力转移到课堂学习中，增强他们的学习积极性。教师依据学生不同的特性进行导学，力求做到因材施"导"，从而促进教学有效展开。

（三）营造正氛围，转化负氛围

教学起始阶段是营造正氛围的关键时机，具体表现在对导入过程的把握。课堂的导入将奠定整节课的基调。愉快还是沉闷，取决于教师在导入时能否调动学生的积极性。营造正氛围的方法有很多，其中创设情境最为普遍。通过播放视频，或角色扮演，或小组辩论等，配以优美的语言、切合的音乐、生动的形象，能够营造出积极向上的课堂气氛。

同时，要防止课堂负氛围出现，如学生的恶意捣乱、教师的失误、外界事物的影响等。对此，教师要充分发挥教学机智，消除不良影响，降低负氛围产生的可能。此外，教师应避免以强制性言语行为控制课堂，坚持以引导为主，以免师生情绪对立，出现课堂负氛围。

第三节　导学方式

一、导学方式的内涵

在传统教学中，教师通常会采用教学方法实现教学目标。但传统的满堂灌模式令教学无法取得实效。教师大多注重单向讲学，忽略学生的需求。这导致教学方法仅为完成教学任务，而非为了实现学生的学习目标。新课程理念提倡以学生为主体、教师为主导。教学方式要从"教"向"导"转变，以导促学，以学促教。

导学方式是指教师为实现教学目标，在指导学生获取知识、提高能力、获取学习方法的过程中所采用的方式。导学方式与导学方法既有区别，又有联系，导学方式的有效组织，有利于导学方法发挥效用，可以提高教学效率。

二、导学方式的基本类型

（一）讲授式导学

讲授式导学是教师通过口头语言引导学生进行学习，完成学习任务的方式，主要包括讲述式、讲解式、讲演式、讲读式等。传统教学的讲授，常常表达生硬死板、淡而无味，课堂沉闷。讲授式导学，注重启发，讲究引导，突出教学重点，力求帮助学生构建良好的知识体系。如在语文阅读教学课上，教师先以讲读式指导学生阅读，再以讲演式、讲解式等指导学生体验课文情感，实现导法与学法的统一，从而促进学生知识的获得与能力的培养。

（二）谈话式导学

谈话式导学是教师与学生进行有目的、有计划的对话交流，把学生引入学习的导学方式。谈话式主要包括启发式、问答式等。传统中的谈话教学，主要通过一问一答，让学生了解知识，并且仅局限于教材。谈话式导学则是问答式与启发式的统一。教师通过创设情境，激发学生的学习兴趣，启发学生积极主动地思考问题、解决问题。

谈话式导学的问题要有开放性与趣味性，教师要引导学生深入探究问题，帮助他们从学习过程中获得创新实践和思维发展的能力，并最终自主构建知识体系。谈话式导学重点是对学生思维进行引导，重启发、少灌输，多提问、少回答，给学生留有思考余地。同时，教师要尊重学生的个性差异，根据学生的认知特点，循循善诱，层层深入，促进学生积极思考。

导学案例

碳的几种单质①

汪老师对台下的学生说道："同学们，今天我带了一把玻璃刀，有哪位同学能够借我一支铅笔用用呢？"

前排的同学立即将一支铅笔递给汪老师。

"大家都知道玻璃刀非常坚硬，只需轻轻一划，就能将一块玻璃一分为二。你们知道玻璃刀的刀口是用什么东西做的吗？"

台下的学生有的说是钢铁，有的说是一种特殊的材料。

汪老师没有说出答案，只是接着问："大家再看这支铅笔，你们知道铅笔芯是用什么东西做的吗？"

"石墨！"一个学生抢着回答。

"对，铅笔芯是用石墨做的，而玻璃刀的刀口则是用金刚石做的。"

"金刚石？"学生们好奇地问道。

"对，是金刚石。同学们，你们知道吗，金刚石是自然界最硬的天然物质，而制成铅笔芯的石墨是较软的物质之一，它们都是由碳元素组成的单质。"

"都是由碳元素组成的？"

"不会吧，如果真的是由同一种元素组成的话，性质也应该相差无几啊。可是为什么一个这么硬，而另一个那么软呢？"台下的学生一个个露出疑惑不解的表情，看着老师，急着等他说出答案。

"好，同学们想知道答案的话，下面我们开始学习碳的几种单质……"

谈话式导学需要建立在和谐的师生关系上，要避免过于生硬的交流，要激发学生的兴趣，让学生主动投入谈话活动，以达到"谈"的目的。

---

① 刘艳如.优秀教师课堂情绪管理的智慧[M].广州：世界图书出版广东有限公司,2010：100.

汪老师以谈话式导入教学，通过问答、启发、讲解等，层层递进，寓引导于谈话中，很好地激发了学生的求知欲。汪老师的谈话显示了高超的语言艺术，以生活问题作为切入点，首先集中学生的注意力，再融入教学内容进行提问。引导水到渠成，不留痕迹，很好地达到了"启发学生深入思考，鼓励学生积极回答"的效果。

（三）讨论式导学

讨论式导学是指学生在教师的指导下为解决某个问题而交换意见，或进行辩论的导学方式。讨论式导学主要包括自学式、讨论式、合作式等。讨论式导学的实施是建立在学生自学与教师指导的基础之上。教师指导可以激发学生自主学习积极性，使其对学习问题进行讨论深究，并进一步相互表明见解或论证。

讨论式导学的主要模式是"学生自主学习—师生提出问题—进行分组讨论—成果展示总结—知识意义建构—巩固吸收提升"。讨论时，教师引导学生以小组为单位，主张学生各抒己见，鼓励学生积极辩论，提出具有独创性的意见或想法。教师要对不同的意见进行分析、总结，帮助学生整合知识结构，以达到更好的学习效果。讨论式导学将导法与学法有机统一。在教师主导过程中，学生通过自主学习获得知识，同时在讨论中培养能力。

问题设计要有针对性，讨论要有实质内容。因此，在进行讨论式导学时，教师要从教学目标与学生情况出发，选择具有讨论意义和趣味性的问题，以激发学生讨论的积极性。

教学案例

渔夫的故事①

师：丑恶的外表并不一定表示内心必然丑恶。魔鬼的外表很凶恶，它的内心又是怎样的呢？

生：魔鬼在前三个世纪，内心是善良的，因为它要报答救它的主人。

生：当渔夫救出魔鬼后，魔鬼还是有点人性的，因为它还给渔夫选择死的方法。

---

① 张媛,蔡明.教学方法研究[M].开封:河南大学出版社,2001:52.本文略有删改。

生：我认为魔鬼的内心是丑恶的，因为它刚刚从瓶里出来时向所罗门求饶，保证不再杀人了，但当渔夫告诉它，所罗门已经死了的时候，它马上就说要杀渔夫。

师：现在出现了三种意见，请同学们讨论一下，到底哪一种意见正确。

（学生分小组讨论，约5分钟）

生：我认为魔鬼的内心是丑恶的。它说要报答救它的人，完全是谎言，从它出瓶后讲的两段话便可证实。

生：我不同意第二种意见。魔鬼让渔夫选择死法，是因为感到渔夫逃不出自己的手掌了，所以才这样说的。魔鬼这样说，只能说明它冷酷、凶残。

生：魔鬼说它在前三个世纪中会报答救它的人，是为了给自己找杀人的借口，说明了它的狡猾。

师：那么魔鬼到底有没有一点人性啊？

生：（齐）没有。

师：讨论到这里，我们明确了，魔鬼从头到脚、从外到里都是丑恶的。

这是较典型的讨论式导学：提问自学—小组讨论—总结归纳。讨论式导学关键在于设置具有讨论意义的问题，以起到启发引导的作用。"丑恶的外表并不一定表示内心必然丑恶。魔鬼的外表很凶恶，它的内心又是怎样的呢？"问题很有讨论意义。"魔鬼的内心是善良的"，"魔鬼的内心是丑恶的"，学生各抒己见，激烈的观点相互碰撞，十分有利于创新思维的培养。同时，教师引导学生结合上下文，深入剖析魔鬼的本质，让学生不但知其然，而且知其所以然。

讨论式导学应是师生共同参与的活动。学生讨论，教师引导，教师帮助学生不断深入思考。讨论式导学是不断创新思维的活动。学生讨论要有独特见解，教师引导要别开生面，以促进不同观点碰撞，培养学生的创新性思维。

（四）探究式导学

探究式导学是指教师根据教学目标与教学内容，选取适当的教学资源，创设问题探究情境，让学生以发现问题、猜想、搜集与处理信息、操作、调查等方式，寻求解决方法，从而获得全面发展的导学方式。

探究式导学的特征是以问题为载体，以学生的自主探究或合作学习为主要形式，以培养学生的创新思维为核心，符合课改"提倡自主、合作、探究的学习方式"的要求。探究式导学的"探"要有目的、有计划，"导"要切合学生的认知、指向教学的目标。同时，探究问题的设置不但要符合学科的知识特征，还要贴合生活实际。设置与生活密切相关的问题，有助于学生学以致用，形成实践能力。

导学方式除上述方式外，一般还有情境式、实验式、合作式、操作式等。导学无论采取哪种方式，都应以灵活、适宜、简便为原则。

三、导学方式的选择技巧

在课堂上，导学会受到诸如教学目标、教学内容、教学对象、教师自身等不同因素制约。教师按照不同的要求进行导学，会使教学方式呈现出不同的内容与特点。因此，导学方式的选择要注意从多方面进行考虑。教师可以通过比较分析、综合运用等手段，选择适合学生的导学方式。

（一）根据教学目标选择

教学目标是对整个教学效果的预期设想，是教师掌握教学内容的总结性要求和所要完成的教学任务，也是学生所要完成的学习任务。因此，导学方式的选择要根据教学目标的设置来进行。如果教学目标是情感体验，就运用合作式、情境式等较感性的导学方式来指导学生体验情感；如果教学目标是掌握原理概念，就运用实验式、启发式、探究式等逻辑性较强的导学方式指导学生自主探究。学生可以从旧知识中学习迁移，从而进行新原理、新概念的学习，并最终摸索出适合自身的学习方法与手段。

（二）根据教学内容选择

根据教学内容选择导学方式，是指从不同学科知识的性质特点与教材特点的角度进行选择，或者从不同知识点的性质特点进行选择。不同学科的课程标准与教学目标是不同的，知识的性质特点也有所不同。数学、物理、化学等强调逻辑性与灵活性的学科，教师则可多用实验式、操作式、探究式等有助于发展逻辑思维能力的导学方式；而语文、英语等强调情感体验与口语、书写的训练学科，教师则可多用讲授式、讨论式、练习式等能够培养学生能力的导学方式。

（三）根据教学对象选择

在不同的年龄阶段，学生所具备的认知水平、接受能力与表现能力都会有所区别，所适合的导学方式也有所不同。低学段的学生仍是形象思维占优势，认知水平与接受能力也相对较低。教师需要较多运用直观的手段，如演示、讲演、操作等形象具体的导学方式。中、高学段的学生则在抽象思维上有了一定的发展。教师应培养学生的学习能力，可运用讨论、合作、探究、讲演等导学方式。学生之间的差异性会影响导学的顺利进行，因此，导学方式的选择要尊重个体差异，尽可能做到因材施"导"。

（四）根据教师自身选择

教师是进行导学的主体，是主导教学课堂的关键人，因此，在选择导学方式时，不但要留意教学目标、教学内容、教学对象等客观因素，还要考虑到教师的主观因素。教师要考虑自身的知识水平、教学技能、个人修养等方面条件，选择适合自己发挥的导学方式，从而扬长避短，突显自身优势，展现良好的教师形象。

四、导学方式的运用策略

（一）转变教育观念，促进全面发展

导学方式的变革运用，首先需要教师转变教学观念，变"教"为"导"。导学具有民主性、主体性、启发性、合作性和创新性等特点，这就要求教师转变传统的教学观念，摆脱旧的教学模式，以新型的导学方式指导学生自主学习，以保证教学的有效性。教师要培养学生的主人翁意识，鼓励其大胆创新思考，以达到开阔学生视野与培养学生能力的教学目标。

要想运用好导学方式，教师就要做到"诱导""引导""指导"。首先，诱导是对学生学习兴趣的激发。教师可以通过提取与精炼教学内容，创设良好的情境，提高学生的求知欲，从而为后续的引导夯实基础。其次，引导是教师根据教学内容的特点和学生的实际，指引学生由浅入深进行学习的过程。在此过程中，教师要指引学生发现问题、解决问题，并寻找解决问题的规律。最后，指导是教师指点引导学生掌握知识技能，培养实践能力。教师的有效指导有助于培养学生的创新性思维，有助于学生养成良好的学习习惯与学习品质，是对情感态度与价值观目标的实现。

（二）优化教学结构，综合运用方式

优化教学结构是指在有限的时间内，合理分配每一环节的教学内容，合理运用各种导学方式，使各环节能够有序、有效地进行。传统教学中，课堂模式多沿袭凯洛夫的"五步教学法"，即组织教学—复习导入—讲授新课—巩固练习—课堂小结。这种教学模式形成教学结构的优点是知识系统讲授较细，有利于学生整体把握知识；但弊端是教多学少，讲多思少，不利于培养学生的自主学习能力。

导学既吸收了"五步教学法"的优点，又克服了它的缺点，体现出新课程标准的要求。具体表现为教师不局限于以复习旧知为导入，而是应用多样化的导入方法，如故事导入、图片导入、音乐导入等，创设教学情境，从而激发学生的求知欲与积极性。讲授新知时，教师要注重调动学生参与的积极性，以自学、启发、讲演、合作等方式进行导学，以便使课堂展现出多样化的活力。学生通过动口、动手、动脑，可以最大限度地发挥自身的积极性、主动性和创造性。在巩固练习时，教师需更贴近教学内容进行设计。练习要突出重点，突破难点，体现知识与生活之间的联系。同时，练习形式也要多样，不能只限于笔头练习，而以多种形式促进学生对知识的巩固。小结归纳要做到精要深刻，高度总结教学内容。教师也可以让学生进行自评、互评，以增强交流，发现更多的知识缺口，并进行查漏补缺。

（三）结合媒体辅助，增强教学表现力

在传统教学中，教学媒体一般指黑板、教材、部分教具等记载教学材料的工具。而现代教学媒体则主要指电化教育媒体，即多媒体课件、音频、视频等具有强大表现力的教学手段。教师应借助媒体，引导学生理解教材、掌握知识、获得能力。

教学媒体的运用要与教学内容、导学方式相结合，以提高导学的趣味性和效率性。例如，运用讲解式进行导学，为避免抽象、枯燥，教师可用多媒体形象生动地演示学习方法，将讲解式与讲演式结合起来，使学生更加清晰明了地获得知识。虽然多媒体促进导学，但是教师要注意多媒体展示的时机。展示过早，会使学生失去原有的兴趣；展示过晚，则无法及时启发学生思维，导致教学时间浪费。因此，教学媒体的运用，一要结合教学内容，二要选择时机，以突出教学重点，促进学生思维的发展。

第四节　导学内容

一、导学内容的内涵

在传统教学中，教师的教学方式主要是"教教材"、"照本宣科"，教学内容空泛化，重点不突出，弊端十分明显，这不利于学生知识意义的建构。那么，何谓教学内容？

总的来说，教学内容大体可以分成三个层面。一是静态的文本内容，是固定的教学内容，包括课程标准、教学指导书、教科书、教辅材料等，其中教科书是静态文本的核心内容。二是教学设计中预设的教学内容，是对静态文本的整合加工，其中包含静态文本的主要内容，也包括教师思想的结晶，如教师对师生互动的预设、对问题或答案的预想、对学生的行为预想或对教学方法的预设等。三是教学中生成的教学内容，是鲜活的现场教学资源，具有不确定性与生成性，也是教学中较难把握的部分。

教学内容立足于教材，但又不拘泥于教材。教学内容取决于教学目标，并根据教学目标选择知识点，以实现"用教材"促成教学内容动态生成与课外拓展的目标。

教学内容是相对"教"而言的，而导学内容则是相对"导"而言的。具体来说，导学内容是指教师根据教学内容指导学生学习，促进学生达成学习目标，是对预设内容的实现与发展。

二、导学内容的选择

教学内容是指教师经过选择而传授给学生的知识、技能、价值观念、行为规范等的总和，包括德、智、体、美、劳等多方面的知识内容。在课堂上，教学内容的有效讲授是实现教学目标的关键。因此，导学内容要遵循教学内容的结构性，即教师在安排导学内容时必须依据课程标准、教材文本、教学生成等进行选择。

（一）基于课程标准的导学

课程标准是以纲要形式编定的有关学科教学内容的目的、任务、结构与教学要求的纲领性文件，是对教师"教什么"、学生"学什么"等一系列问题的回答与要求。课程标准明确教师的教学目标与学生的学习任务，并依据不同学段的心理发展特征制定了相应的学习要求，从教学效果上来讲确实起到了指导教学的作用。课程标准能够指引教师的教学方向，并对教学内容、教学方法、教学手段的选择运用提出具体要求。

因此，课堂导学要以课程标准为依据。如语文学科，第一学段学习目标多侧重于识字，着重认识和积累汉字。教学则要依据教材提供的内容，开展识字教学。教师通过教学方法与教学手段的应用，教会学生识字的方法，以达成学习目标。基于课程标准的导学主要针对宏观的教学目标而言，重视逐步建构学生的知识结构与培养学生的综合能力。

（二）基于教材文本的导学

教材是课程的载体，包括教科书、参考资料、教具等教学材料。各学科的教材根据学科课程标准编写，回答"如何教"的问题，提出具体的教学要求，并以学习要求、学习内容与作业布置等形式表现出来。而教学参考资料则是教材的延伸，是对教材内容的进一步补充说明。在针对教材内容的导学上，教师要深入研究教材，找出知识重点难点，寻找知识规律，以科学的教学方法和手段实现教学目标。

长期以来，教师对教材的运用有不同的观点。传统教学中，"教教材"模式实则是对教材内容的误读。教材的编制是具有一定科学性的。各科知识的编制、组合都是遵循学生知识水平发展、学生心理发展规律的。正因为如此，教师不能唯教材、唯书本教学，而应依据教材，根据学情，帮助学生理解教材，促进学生从教材中理清知识点，并找出与社会生活之间的联系。教师只有以发展的目光进行教学，才能真正做到"用教材教"。

（三）基于教学生成的导学

导学案具有一定的预设性，是对教学内容的选择设计。但教学不是教师预先设计好的，而是动态的，具有不确定性。教学过程往往是一个动态的师生共同学习、共同建构的过程。相对导学而言，这将产生新的导学内容。这对教师的教学机智是一个挑战。学生的突发奇想，或是环境的突然变化，都会使导学脱离原有的轨道。这时，教师要及时分析情况，机智应变，将学生的注意力"拉回"原来的教学内容上，使教学继续进行。面对偶发的教学事件，经验丰富的教师不但不会束手无策，反而能"借题发挥"，顺势引导学生深入探究，以促进学生更加有效地学习。

三、导学内容的组织策略

（一）引入"先行组织者"

"先行组织者"是指教师在展示学习材料之前，先呈现一个引导性材料，建立新旧知识间的联系，通过同化、迁移，帮助学生掌握新知识的教学材料。"先行组织者"将教学内容分析、分解，根据知识点的难易进行不同层次的分化，再依照循序渐进的原则开展教学，以适应学生的认知特点。

根据"先行组织者"的性质，可将其分为三类。一是陈述性组织者，是指用于同化新知识的上位概念，多是具有总结性、概括性的知识内容，具有通俗化、具体化的特点。陈述性组织者有利于帮助学生理解抽象的概念。二是比较性组织者，是指学生原有知识结构中存在的与新知识相当的观念。当新旧知识具有易混淆、相似性时，学生可通过比较两者异同，从而对新知识进行迁移学习。比较性组织者有助于学生整合知识结构。三是具体模式组织者，是指以具体形象的模式作为组织者，如教具或多媒体技术等。具体模式组织者能形象生动地展现内容，有助于增强学生的学习兴趣，发展学生的想象能力。各种类型的组织材料要贴合导学内容，结合学生的认知结构，选择难度合适的教学材料，以达成迁移学习。

导学案例

形象的"先行组织者"①

自然课要讲潜水艇，老师把盛着活鲫鱼的玻璃缸放在实验桌上。同学们看到欢快游动的鱼高兴极了，老师却在黑板上写了今天的课题：潜水艇。

学生们个个陷入深思，努力把潜水艇和游动的鱼联系起来，这激发起学生探究的欲望。老师说："我们首先来研究鱼。鱼为什么能在水中自由游动、沉浮？用什么方法揭示这个秘密呢？"经过一番热烈的讨论，大家一致认为应

---

① 李亚男. 新学期教学技能与艺术基础[M]. 长春：东北师范大学出版社，2010：116.

该"先观察，再解剖"。

在观察中，学生的注意力集中在鱼鳍上，有些学生提出剪掉鱼鳍再观察的方法。鱼鳍一个个地被剪掉，学生们仔细观察，深入思考，发现了不同部位的鱼鳍有不同的作用：它们有的用来保持平衡，有的用来划水前进，有的用来左右转弯。老师又问大家："鱼为什么能沉浮呢？"这时，学生又想到了鱼体内的鱼鳔，他们经过解剖又了解了鱼鳔的作用。

经过对鱼的仔细观察、研究之后，老师用幻灯片演示了潜水艇的外形、行进、沉浮，学生很自然地领悟了人们根据鱼在水中游的原理制造了潜水艇的道理。老师再引导学生对前面一系列的探究活动进行概括，使他们对潜水艇有了全面、深刻的理解。

"先行组织者"就像是一盏在迷途中引导人前进的明灯，引导人寻找解决问题的道路。学生对新知识的学习是陌生而疑惑的。"先行组织者"把指导性材料融入新知识中，作为导学内容帮助学生理解新知。在整个过程之中，"先行组织者"的设置与铺垫是指导学习的关键。

活鲫鱼是学生理解潜水艇的"先行组织者"。"我们首先来研究鱼。鱼为什么能在水中自由游动、沉浮？用什么方法揭示这个秘密呢？"教师形象地展示学习材料后，"制造"新旧知识之间的矛盾，既激发了学生的求知欲，又引发了学生的思考。"经过对鱼的仔细观察、研究之后，老师用幻灯片演示了潜水艇的外形、行进、沉浮"，学生逐步解开新旧知识之间的矛盾。这既触发了学生积极思考，又表现了教师对教学方法的灵活使用。导学内容不仅包括知识材料等内容，还包括导学方法与导学手段的运用，三者融合为一。

（二）多样化呈现教材

教材是教学内容的主要载体，是学生学习知识的辅助材料。面对沉闷的纸质教学材料，教师应以多样化的手段灵活呈现教学内容，增强教学效果。

1. 科学结合师生经验

师生经验是重要的课程资源。教师通过结合教学实践与学习者的社会经验，令生硬的教材增添生活气息，可以提高学生的学习积极性。教学依据教材，但不应局限于教材，应将静态的书面知识转化为动态的生活内容，促成学生的学以致用，形成实践能力。

2. 灵活运用导学方式

导学活动的开展是以教材内容与学生需要为基础的，而导学方式是帮助教师进行有效导学的重要手段。合理的导学方式能够激发学生的主动参与，乐于动手，勤于思考，能够促成自学、合作、探究等学习活动的展开。灵活运用导学方式，不但能更好地呈现教材内容，而且有助于开展更深入的探究学习。

（三）拓展教学材料内涵

教学材料是指有利于学习者增长知识或发展技能的材料，包括课堂内外教师和学生使用的所有材料，比如课本、练习册、活动册、故事书等。拓展教学材料内涵一般有三种方式。[①]

1. 逻辑式

按照有关科学知识的内在逻辑顺序拓展教学材料。

2. 心理式

以学生为本位，注重学生的兴趣、需要和能力，强调以学生的经验作为选择教学材料的出发点，逐步扩大教材的内容范围，使学生愿学、乐学，而较少考虑知识体系的完整性。

3. 折衷式

兼顾学科与学生两方面的需要和情况，择采两者之长。不过在兼顾学科与学生这两方面时，在不同的学科和学生不同的学习阶段又有所侧重。

教师在教学材料选择上，要注意把握材料涉及的学科限度，确定其与教学内容的联系，并进行有针对性的指导，避免被材料误导。

第五节　导学延伸

一、导学延伸的内涵

导学延伸是通过对教学内容的扩展延伸，增强学生的兴趣，激发学生的思维，达成教学目标的一种导学技巧。

---

① 佚名. 教材［EB/OL］.［2013-10-12］. http://baike. baidu. com/link? url＝JlnYJjBQWdZU-qmsLZgdoT3R4aEaCo-JlnzIsE39po0M1NK7DFcq8KJsv9bEeHa4Y.

（一）课堂延伸的目的

导学延伸的实质是对课堂教学的补充和促进，是为了有效实现教学目标而扩展的方法。在传统教学中，教学活动受教材等因素限制，往往导致教学仅以知识的讲解为主要形式，缺少知识的拓展与能力的培养。而导学延伸则是对传统教学的改革与促进，转"教"为"导"，丰富教学内容，增强教学活动的活跃度与知识的广度，以提升教学的有效性。

（二）课堂延伸的作用

导学延伸起到激发学生学习兴趣、提高学生知识水平的作用。导学延伸所呈现的内容多是教材没有的，却又与教材有着千丝万缕的联系。它是具有一定情感性、趣味性和生活性的导学内容。导学延伸能够帮助教师消除课堂沉闷的气氛，提高学生的学习积极性，有助于学生更好地学习新知和扩展知识面。

（三）课堂延伸的效果

导学延伸注重对学生知识、能力与情感态度的培养，是实现"三维"目标的有效方式和手段。它体现教学的育人本质，而非单纯地实现高分教学。教师应端正教学态度，在关注知识学习的同时，还要注重培养学生的积极情感和实践能力。而导学延伸既可以拓宽知识范围，又可以培养学生自主学习的能力，还能够增强情感交流，成为素质教学的重要组成部分。

二、导学延伸的程序

（一）课前预习，轻松导课

预习是预先学习之意。在学案导学中，教师具体列明预习的要求和所要达到的目标，学生对预设问题进行自主学习，如查阅课外资料、尝试解答问题等。预习的作用是让学生初步掌握基础知识，发现自己难以解决的问题，以便在课堂中寻求教师或者同学的帮助。这就有助于培养学生自主学习的能力，让学生养成良好的学习习惯。课前预习的实质是学生自觉完成课前知识的延伸。学生通过初步学习知识点，在自学思考中能够获得不一样的启发，发现不一样的问题，生成不一样的学习资源。这有助于活跃课堂氛围，提高教学效率。

（二）课中拓展，高效学习

在导学过程中，导学延伸主要是解决两个问题：一是出示形象材料，创设导学情境，激发学生学习的积极性；二是穿插相关材料，丰富教学内容，促进学生知识结构的内化。

课中拓展通过课外感性材料的穿插，增加了学习内容的厚度，这是丰富学习内容的方式之一。课中拓展的内容要根据学科性质或教学内容进行恰当的选择，要关注学生的实际情况与学习需要，选择符合学生认知的课外知识，切忌脱离教材而"无所顾忌"。

课中拓展注重对导学过程的设置，不仅要教会学生基础的知识，还要教会学生学习的方法。因此，课中拓展要注意体现学习过程的有效性、情感性、生活性、实践性，使学生从知识拓展中深化对课内知识的认识，加强对课外知识的了解，力求做到发展实践能力、促进个性发展两者的统一。

（三）课后延伸，巩固训练

课后延伸最为有效的方式是进行练习巩固。教师通过设置课堂练习与课后作业，促使学生巩固新知，检验学生掌握新知的程度。对此，课后延伸要关注三个关键点：内容的开放性，形式的趣味性，评价的多元性。

1. 内容的开放性

内容的开放性是指课堂练习或课后作业不但要与教学内容相联系，而且要与社会生活相结合，最好能够与实践活动接轨，以培养学生的实践能力。教师要根据知识点设计练习，由浅入深，由课本知识到课外知识，让学生在逐步练习中掌握新知，发展思维。

2. 形式的趣味性

形式的趣味性要求教师改变传统教学"笔头作业"的单一模式，提高学生练习的积极性。练习形式取决于导学内容，比如，语文的"口语交际"导学，课后延伸可以设置生活情境，引导学生在特定情境中进行口语交际训练，这有助于学生学以致用；若是物理的"自由落体运动"导学，课后延伸则可以结合生活实例，引导学生从生活中发现原理，并思考其缘由，加深对原理的学习。

3. 评价的多元性

长期以来，教师评价方式过于单一，标准化语言压抑了学生的积极性，束缚了学生的发展。教师要转变评价观念，应该以激励性语言鼓励学生积极学习。可以将形成性评价和终结性评价相结合，加强形成性评价；将定性评价和定量评价相结合，重视定性评价。这将会改变学生排斥评价，甚至惧怕评价的现状，让评价真正促进学生的发展。在语文教学过程中，可采用多种方式开展日常评价，如给学生建立语文学习档案袋、利用教室墙报对学生的日常学习态度进行评价，对作文评价、课堂听课、发言、背书、读书等进行即时性评价，这对学生有促进作用，对教师教学也是反馈。[①] 倡导学生参与评价，建立"自评—互评—小组评—师评"的评价体系；引导学生在评价中学会发现他人的优点，找出自己的不足，形成良好的品格。

三、导学延伸的策略

（一）预设与生成统一

预设，是对课堂教学活动的预想，具有一定的预期性和不确定性。有效的预设对课堂教学的组织与开展能起到一定的积极作用。因此，教师在设计导学案时，不仅要对教学内容进行组织、教学方法进行选择，还要对延伸内容进行准备，如相关材料、教学用具等，以加强对延伸内容的控制与把握，避免延伸的知识与教学活动相脱离。充分的预设需要认真设计导学案，将复杂的知识点进行简化分解，帮助学生进行知识迁移。

"生成"对应于"预设"。生成是导学的难得机会，如何抓住生成点？在学生的需求中生成——提倡质疑问难；在尝试和探究的活动中生成；在对教学文本的多元解读中生成；在师生、生生对话中生成；在创造性活动中生成；在适度拓展中生成。[②] 及时捕捉生成点，"把教学过程看作师生为实现教学任务和目的，围绕教学内容，共同参与，通过对话、沟通和合作活动，产生交互影响，以动态生成的方式推进教学活动的过程"（叶澜），达成教学目标。

（二）广度与深度统一

在课堂导学中，并非每一个知识点都需要进行延伸，也并不是延伸的内容越多越好。导学延伸的内容要依据教学内容与学生学习的需要进行设置，

要注意"度"的把握。导学延伸的"度"包括了延伸内容的广度和深度。

延伸的广度主要是指延伸的范围，包括生活材料或背景知识等属于"面"的知识，侧重于对课堂教学内容进行扩充，开阔学生视野；延伸的深度主要是指延伸的深浅，具体体现为思维向更高阶段发展的程度。导学延伸的广度是深度的基础，导学延伸的深度又是广度的目标，两者互为条件，不可或缺。

（三）主导与主体的统一

教师是导学者，也是主导。教师作为导学主导者，主要体现在设计导学方案，引导学生充分参与新知识的学习，并通过组织多层次的训练，使学生巩固所学的知识。了解和掌握各类学生的学习情况，并帮助学生解决各种疑难问题。[①]

学生是受导者，也是主体。学生作为导学主体，是知识的实践者、认识者，是作为认识—实践活动的发出者而存在的，是教学活动积极能动的参与者，是积极主动地进行学习认识和学习实践活动的主体。

导学主导和主体是一体双面的关系。教师的主导是启发、引导、纠错、点拨、指点迷津、开启智慧；而学生的主体是主动参与，而不是被动接受知识。学生在教师的引导下，想学、乐学、好学，主动地动脑、动手，在思考中不断开启思维，提出疑问和猜想，对知识始终充满渴求和好奇。[②] 导学中教师与学生的关系，实质是在师生的社会关系基础上教师为教学活动的主导、学生为教学认识的主体的关系。

第六节 实战案例：如何运用课堂导学技巧

一、实战案例

抛 硬 币[③]

学习目标

知识与能力——在游戏活动中体会事件发生的可能性，并进一步体会到

---

① 林元范.发挥主导作用[EB/OL].[2013-10-12].http://res.hersp.com/category/10941.

② 耿利召.教师在教学中的主导作用[J].学苑教育,2012(1)：64-65.

③ 罗楚春.先学后研教学模式与松坪学校[M].武汉：华中师范大学出版社,2012：122.本文略有删改。

有些事情的发生是确定的，有些则是不确定的。

过程与方法——让学生经历"猜测、实验、验证"的探索过程，初步渗透概率思想。

情感态度与价值观——通过活动，培养学生合作学习的能力，感受数学与日常生活的联系，激发学生学习数学的兴趣。

学习重点

体会事件发展的可能性：有的事件可能会发生，有的事件一定会发生，有的事件不可能发生。

学习难点

能对一些事件的可能性做出正确预测。

学研案	活动指导案
（一）课前预习，交流质疑 1. 尝试用"可能"、"一定"和"不可能"各说一句话，来预测事件发生的可能性。 可能：＿＿＿＿＿＿＿＿＿ 一定：＿＿＿＿＿＿＿＿＿ 不可能：＿＿＿＿＿＿＿＿＿ 2. 巧设情境，激趣学习。 **师**：现在告诉大家一个不幸的消息，美羊羊被灰太狼抓走了！羊村长与灰太狼谈判，灰太狼说："请老虎大哥抛硬币，正面朝上我就放了它！"美羊羊的命运会怎样？请每一位同学独立思考，一会儿举手说说理由。 （学生进行自主探索）	**合作探究抛硬币** （一）实验规则 1. 小组长负责抛硬币，共抛12次。 2. 两位同学负责观察硬币哪面朝上。 3. 剩下一位同学负责记录结果，哪面朝上就打"√"。 实验结果： A. 正面一定朝上

学研案	活动指导案
（二）合作研究，小组展示 教师鼓励学生小组合作研究，进行抛硬币实验，用实验方法验证自己的想法是否正确。 小组展示，教师协助总结结论。 通过讨论展示得出结论：硬币可能正面朝上，也可能反面朝上，所以不能同意用抛硬币的方法解救美羊羊。 （三）课堂检测，及时反馈 灰太狼说："如果你们能回答我下面的问题，也可以放美羊羊！你们敢试一试吗？" 1. 猜一猜：摸球游戏。 2. 连一连：（略）。 3. 同学们正确完成两个练习后，灰太狼终于承认失败，说："你们真厉害，这次我先把美羊羊放了，不过我还会回来的。" 4. 美羊羊非常感谢大家的帮助，现在它还有几个可能性的问题，想请教大家： （1）用"可能""一定"和"不可能"填空。 A. 太阳（　　）从西边升起。 B. 深圳的夏天（　　）下雨。 （2）写一写。 A. 什么事情一定发生 B. 什么事情可能发生 C. 什么事情不可能发生	B. 反面一定朝上 C. 可能正面朝上，也可能反面朝上 （二）学生独立完成，教师有针对性地指导 （三）组内或小组之间自由交流，相互补充 （四）小组汇报展示 教师请每组4号同学把自己预测事情发生可能性的句子读出来，和全班同学进行交流，小组间充分评价 （五）教师情境引入，使学生深入抛硬币概率活动情境 （六）分配展示任务 （七）检测反馈环节 （八）畅谈收获

学研案	活动指导案
进一步深化应用，要求学生用概率性词语来描述自己生活中碰到的一些客观事物发生的可能性并写下来，进行小组讨论，班上展示。	

二、实战经验

这是一份数学课堂的导学案。在导学案中，教师对教学流程与活动指导的方式都做出了详细的要求，比较清晰地了解到导学方法的运用、导学氛围的创设营造、教学内容的整合等课堂组织程序。整体上说，该名教师的教学设计结构分明，由浅显逐渐深入，层层递进地开展教学活动，符合学生的认知水平与学习兴趣，能够为教学活动带来较好的效果。

（一）创设情境，激发兴趣

这节课是通过对事件可能性的猜测，初步向学生渗透概率的知识。对于小学二年级的学生来说，概率问题较难理解与分析。这名教师便从生活的事件出发，首先向学生展示初步的概率知识。除了以抛硬币、找出可能性事件等作为学习切入点以外，该教师以卡通人物"美羊羊与灰太狼"之间的矛盾，创设了一个趣味性的情境，进一步吸引学生的目光，提高学生的学习积极性。同时，该情境具有一定的故事性，贯穿了整个课堂教学的开展。教师以此作为良好的导火线，营造出活跃的导学氛围，不断激发学生进行学习探究，提高了教学效率。

（二）自探共研，交流合作

从导学方式上看，该教师运用了多种导学方式，如自学探究式、讨论式、试验操作式等。学生在自主亲身体验中轻松快乐地学习知识、了解概念，并将概念进行运用。在这个课堂中，该教师组织学生以活动的形式进行自探共研，如以抛硬币的形式进行实验探究，又如以小组之间成果汇报的形式进行知识的归纳总结。在整个过程中，教师起着组织者的作用，有时也会对一些学生进行个别的指导。我们可以看到课堂完全由学生进行掌控和做主，体现了其主体地位，增强了学生的学习意识，提高了学生的探究能力。同时，每一环节出现的时机又按照教学内容的深入而发展。在学生自学概念后，教师以抛硬币游戏检验学生自学思考的成果，在学生感到疲劳的时候恰当地进行游戏教学，点燃冷淡的课堂，极大地提高了学生学习的积极性。

（三）及时反馈，知识扩展

在教学内容学习后，该教师进行了当堂训练，同样以灰太狼与美羊羊的故事作为引导，使整个课堂教学具有一定的逻辑性。在练习上，该教师坚持多样化的活动形式，使得练习问题贴近生活事件，从而有利于学生将书本知识运用于生活当中。教师对习题的设置从易到难，层层深入，极大地锻炼了学生的思维能力，提高了学生的思考能力。该教师最终以"畅谈收获"作为课堂的总结，再一次将教学内容进行总结，这有利于学生的知识巩固，有利于教师了解学生的掌握情况，从而促进学生对疑难的解决。

三、实战策略

在导学过程中，教师掌握学生的学习活动有利于控制课堂教学的节奏。这不仅仅是对导学方法、导学手段、导学内容的简单应用，还可以抓住重点，有技巧地展开导学，灵活变通地进行课堂教学。对此，教师要想掌握导学的技巧，可参照以下几点策略。

（一）创设情境，巧抓时机

在教学过程中，导学氛围的重要性在于对学生学习积极性的激发。而教师呈现教学内容、运用教学方法的时机又与导学氛围有着密切的联系。教学之初，无论是创设情境导入，还是开门见山导入，教师都要把握好呈现下一环节的时机。对此，教师要关注学生的反应，及时检验导入的效果。若学生兴趣冷淡、注意力不集中，教师便要运用好自身的机智，用提问、描述等手段进行"另类"的导入，以增强导入效果，促使学生产生学习疑问，为教学内容打下良好的基础。

对于时机的把握，教师要注意判断学生的不同表现。这一部分是教学设计中难以准确预料的设计。所以，教师要注意学生的反应，尤其留意几个关键点，如思维活跃期、困倦期等，并根据学生的不同表现及时调整教学方法，改变导学手段。同时，教师要配合相应的语言描述，营造良好的学习氛围，促使学生提高求知欲与积极性，从而加强教学效果。

（二）内容拓展，变通方法

在传统教学中，教师如果仅仅关注教材内容，而忽略了课外知识扩展的部分，往往会导致学生知识面狭窄，或者对部分知识一知半解，存在应试教育下知识结构的缺陷。教学内容扩展是有必要的，但也要注意度，注意对扩展材料的选择，其关键在于能够找到与教学内容之间的联系，使之作为激发兴趣、促进思考的重要手段。从一定程度上说，每一节课的教学内容都有可以进行扩展延伸的有效点，但哪些会对教学过程起重要作用，就要从教学目标进行考虑，此外还要找出能够帮助我们实现目标的内容。如为了实现情感态度与价值观的目标，教师可从生活事例中寻找感性材料，激发学生的思想碰撞与思想情感的交流，以培养学生的情感态度与价值观，促使他们养成良好的学习态度。

导学方式要从学科性质与教学内容两方面进行具体分析和运用，根据不同导学方式的作用，达到相应的教学目标。在这一环节中，教师要注意变通，同样的教学内容，面对不同的学生群体，所适合的导学方式也有所不同。如果是学习气氛较为浓厚或者优秀生起重要作用的班级，运用讨论式、探究式还有合作学习，很可能会产生意想不到的效果；但若是学习氛围一般或者学生积极性与配合性较低的班级，则适合以谈话法逐步进行引导，利用师生交流可以步步提高学生的积极性，打破学生沉默，促进学生自主地进行思考。

（三）师生协作，互评共促

导学活动的有效开展建立在师生平等交流的平台之上。而良好的师生关系能够促进思维交流的迸发，促使学生自主想、肯动脑、开口说。在良好和谐的学习氛围下，学生的学习成果需要得到重视，需要获得教师的及时关注与评价。这样学生的积极性便能够较好地激发出来，有助于教学内容的学习与开展。首先，教师要通过运用多种导学方法打破师生之间、生生之间的隔阂，建立起平等和谐的交流平台，使其能够共同学习、相互促进。其次，评价也是一种有效促进学生积极学习的途径。传统教学中的单向评价模式使得教师的权威性被提升得很高，但却忽略了学生的想法与其能力的培养。所以，教师可建立起"自评—互评—师评"的多向评价模式，使学生在自我评价中发现缺点，在他人评价中学会欣赏学习他人，在教师评价中能够进行自我检阅。

第五章

课堂导学的方式

"兴趣是学习最好的老师。"这句话表明了兴趣在学生学习过程中的巨大作用，但是，在家长望子成龙及教师"恨铁不成钢"的心理驱使下，教育往往走上了错路。要教好学生，教师不一定要用压迫的手段，放开手让孩子独自探索，也许会收到不一样的效果。

男孩托比是美国内华达州一所实验小学的四年级学生，各门功课的成绩一直很好。为了把孩子智力开发得全面，为今后成为出人头地的政治家奠定基础，从四年级的第一个学期开始，父亲黎瑞开始给托比的学习另外加压：每晚作业完成后，必须背诵20句莎士比亚戏剧名句，培养口才雄辩力，然后练习中国算盘，锻炼思维和手势的敏捷性。然而，托比对这些没有兴趣，但慑于父亲咄咄逼人的腔调，每晚不得不消耗很大的心思，用以换来父亲欣慰的目光。

不到3个月的顾此失彼，托比的学业成绩每况愈下。老师感到很奇怪，托比不得不实话实说。老师感到很气愤，并向地方法院提起诉讼。法院判定，被告黎瑞凭着自己的武断意志给孩子托比未来定位，是一种变相的人格侮辱和意向剥夺，这样做会给孩子身心造成难以估量的负面影响，至于托比今后应该成为什么样的人，应该由他的兴趣志向来选择，被告黎瑞无权强加干涉。[①]

在传统教学中，灌输式教学正如父亲黎瑞，强硬灌输知识，不断提出学习要求与达成目标，而忽略了孩子的基本意愿。这样的教学实际上是压抑学生的天性，破坏学生的童心，摧毁学生的学习兴趣的。在教学中，教师要关

---

① 严育洪.突破平庸：提升教育质量的31个跳板[M].重庆：西南师范大学出版社，2010：38.本文略有删改。

注学生的兴趣，关注学生的需要，从学生需要出发进行教学设计，以便更多地激发学生自主学习的积极性。

教师应该注重指导学生学习的方法，激发学生的学习兴趣，以便更好地完成教学任务，提高教学质量。在这一章中，我们着重介绍四种导学方式，为教师提供创新性的导学方法与手段，为教师提供达成教学目标的捷径，为教学提供更多鲜活的力量。

第一节　问题提纲式导学

一、问题提纲式导学的内涵

新课改背景下，传统的知识灌输模式已经不适合现代教学的需要。改变教学方法、优化课堂结构是课改的要求。

一方面，从教学的主体性上看，教师应注重学生对教学内容的质疑，注重引导学生寻找提出问题、分析问题、解决问题的方法。这样不仅能够解决教与学之间的矛盾，还能增强学生的知识理解力，有利于其能力的培养。同时，教师通过问题的提出，引导学生寻找答案、学习知识、掌握方法，达到教法与学法的统一，从而提高课堂教学效率。这种基于问题，将教学内容转化为问题进行导学，引导学生通过解决问题而掌握知识、培养能力，从而养成良好学习习惯的方式，称为问题式导学。

另一方面，从教学内容的客观因素上看，教材是按照一定的学习规律、学生心理发展水平、认知水平等因素进行编著的，是课程标准的具体表现。尽管教材内容零碎而冗杂，但教师只要能够寻出教材所蕴含的知识点，找出其中的规律，便能达成教学目标。教师可通过列提纲、描重点等方式实现对教学内容的整合，通过高度概括，将知识点清晰明了地展现在学生面前。这不仅能够帮助学生巩固知识，还能帮助学生整合知识。这种以提纲形式整合内容的导学方式，称为提纲式导学。

综上所述，我们可以把问题提纲式导学理解为：以提出问题、分析问题、解决问题为提纲，并把这一提纲始终贯穿整个教学过程，"学生随提纲而认真准备，主动研讨，教师全方位指导，师生共同总结"的模式。

二、问题提纲式导学的基本原则

作为一种新型导学方式，问题提纲式导学侧重基于问题引导，常以提纲形式贯穿全程。那么，具体来说，有效运用问题提纲式进行导学，教师应遵循什么基本原则呢？

（一）探究性原则

探究性原则是指教师以激发学生求知欲为目的，根据教学内容提出并设置问题；学生基于发现问题的现实基础，搜集数据，形成解释，获得答案并进行交流、检验、探究性学习。教与学之间的矛盾体现在师生对知识拥有的不对称，因此，教师在预设问题时，不仅要备教材，还要备学生，根据学生的现有知识设置教学目标，提出具有探究价值，能够启发思维、锻炼能力的问题。

（二）适度性原则

适度性原则是针对问题与提纲的难易度和准确度所提出的，即要求问题的设置要符合学生现有的知识结构，提纲的概括性与理解性要适合学生的认知发展水平和已有心智水平，难易程度应在学生的"最近发展区"。

基于此，教师在问题设置与列提纲时要注意，问题太易，难以激起学生的求知欲，不利于深入拓展思维与建构知识；问题太难，则挫伤积极性，挫败学生的信心，也不利于知识的基本掌握。同理，对于提纲的适度设置，也要考虑学生的理解能力，过于简单的提纲不便于学生对知识的认知；而过于冗长杂乱的提纲也不利于突出教学的重点难点，不适合学生学习知识，起不到启发诱导的作用。教师要把握好教学内容核心，设置的问题应围绕教学重点难点。若问题太偏，学生就抓不住重点，教学会走向歧路；问题太大，包含的内容太多，则学生难以掌握，甚至毫无头绪。因此，无论是设置问题，还是列写提纲，都要根据教学目标，使其具有指向性和针对性。

（三）梯度性原则

梯度性原则是从问题呈现角度上来说的，指的是教师由浅到深、由易到难，一步步将问题按层次提出，让学生在不断分析、解决问题中，获得迁移性知识，从而得到能力的锻炼。同样，列提纲要由浅入深地提出知识点，先提出基础知识，再提出上层知识，让学生能够随着提纲的概括思考问题，学习新知识。这便要求教师能发现规律、寻找规律，将凌乱的知识点进行有效整理，以便学生理解。除了分层设置问题，教师还可依据教学内容的发展顺序，按逻辑提出问题、列写提纲。总地来说，梯度性原则要遵循教学内容的具体性质与学生的认知水平等要求。

（四）新颖性原则

新颖性原则是指教师在问题设置与提纲表达上所展现的内容、语言等特色，以具有灵活性与趣味性的提问方式吸引学生的注意，以形象生动的语言总结知识点，以增强学生的积极性。这一原则便要求教师能够打破常规思维，以创新性思维进行教学设计，寻找知识与生活之间的联系，结合情境提出问题，使学生能够在一定的情境氛围中分析问题、理解知识；或是提出具有讨论性、启发性的问题。这不但能增强学生的兴趣，还可以促进学生总结知识，提高学习效率并习得技巧。

三、问题提纲式导学的运用策略

（一）课前准备，列纲提问

在课堂教学中，问题提出与教学内容有着紧密的联系，是帮助学生进行思考的重要手段之一。在传统教学中，"填鸭式"教学模式以多教少问为主要方式，使得学生的疑难得不到彻底解答，也缺少自主学习时间。而学案导学模式在保证学生自学活动下，能够充分保证解疑释惑的时间。其重要手段便是通过导学案呈现知识点和部分问题，让学生在自学活动中完成对新知识的学习，并发现、分析、解决问题。

导学案作为学生的学习方案，不仅包括学习的目标与要求，还呈现基础知识和问题。针对学生的自主学习呈现知识重点与问题，是进行问题提纲式导学的第一步。第二步是学生根据给出的知识点进行学习，主要以阅读书本、查阅课外资料、交流讨论等形式进行。学生在预习中初步完成基础知识的学习，并找出不理解或疑惑的地方，以便在课堂上提问。这有助于培养学生良好的学习习惯，也保证了学生的自学时间。设置问题、列举提纲都要考虑学生的认识结构和学习层次，用多种形式呈现教学内容，如课前练习、材料查阅等，以减轻课堂教学负荷，提高教学效率。

（二）自学探究，点拨质疑

1. 教师提出问题

教师把教学内容转化成面向全体学生的提纲式问题，以问题激发学生的学习动机（这是前置式问题导学。如果教师引导学生质疑教材，指导学生尝试提出问题，再开展针对性教学，则是后置式问题导学）。教师要根据课堂时间和学生预习情况提出问题，最好能够先提出一个中心问题，如"这节课的学习内容是什么""这一课主要讲一个怎样的故事""这节课学习有关什么的原理"等，以便让学生初步了解学习内容，并引导学生提出疑问。

2. 学生自主学习

这是一个自主探究、积极思考、提出质疑的过程，是学生积极主动参与教学的重要表现。教师应该鼓励学生提出问题，以问题为导向，引导学生进行自主学习，做到以问促学、以问促教、以学促教，以提高教学效率。若学生所提问题偏离教学内容，教师便要发挥其主导作用，可先提出一个问题，引起学生的思考，再推导提出自己的质疑，让学生重新回归自主学习的轨道。

（三）引导学习，总结提纲

无论是前置式问题的呈现，或是后置式问题的呈现，都是一种引导学习的手段，其最终目的都是为了解答疑惑、掌握知识。

1. 引导

合作学习效率如何，引导起着关键的作用。好的引导不但能够教给学生知识，还能教给学生方法。教师应立足于学生的知识经验，建立起新知与旧知的联系，促进学生达成学习目标。教师在问题设置上要注意技巧，以比较性或应用性问题引起学生思考，组织学生进行合作交流，完成学习任务。

2. 总结

整理学生的想法，鼓励正面回答，及时指出错误，以提高学生的积极性。总结方法主要是列提纲，归纳知识点，让学生对学习内容有一个整体认识。如学习语文，可用列小标题的方法帮助学生了解课文大意；学习数学，可用公式、口令等方法记住概念；学习历史，可用条列式记录历史事件。

导学案例

列写提纲　指导教学①

1. 提出问题，明确探究内容

(1) 世界上各个国家，都有自己本国的国旗和国徽，你们知道这是哪个国家的国旗和国徽吗？（出示课件：国旗、国徽图）你们还想了解澳大利亚的哪些知识？

(2) 归纳、梳理成以下几个方面：

①为什么澳大利亚地广人稀，人们沿海而居？

②澳大利亚的首都、城市、旅游有哪些特点？

③为什么说澳大利亚是"骑在羊背上的国家"？

④为什么说澳大利亚是"坐在矿车上的国家"？

2. 明确目标，讨论确定探究方法

(1) 运用哪些方法能够更全面地了解澳大利亚？

(2) 对于澳大利亚你还想深入了解哪些知识内容？

(3) 你想通过什么探究方法解决问题？

(4) 教师介绍探究工具——电脑课件的使用。

3. 合作探究，广泛获取信息

(1) 你认为小组成员应该怎样分工比较合理？

(2) 小组合作探究，教师进行有针对性的指导。

4. 分析问题，交流探究结果

在教学过程中，以归纳出的"四个问题"为主要研究内容，通过小组合作、互相交流解决问题。学生首先以小组形式在组内讨论，然后再分组汇报交流。在学生讨论和交流的过程中，教师有针对性地对学生进行辅导。

在解决"为什么澳大利亚地广人稀，人们沿海而居"这个问题时，教师首先使用人口密度对比表，让学生通过观察得出结论：澳大利亚是一个"地广人稀"的国家。接着教师出示人口分布图，学生通过观察、讨论，了解到

① 任杰,等.同一教学内容不同教学方式:《澳大利亚》一课的五种教学设计[J].北京教育,2006(1):55-58.本文略有删改。

澳大利亚大部分人口分布在西南和东南沿海地带，这里气候温暖湿润，而内陆、西部地区，气候炎热干旱，沙漠、草原多，所以人口分布少。

美国哈佛大学一直流传着这样一句名言："教育的真正目的就是让人不断提出问题。"学生不断提出问题，就能够获得探寻知识、锻炼能力的机会。

问题提纲式导学法从某种程度上来说，属于探究学习范畴。教师提出开放性、启发性问题，引导学生进行探究学习，然后总结探究成果，把知识点清晰明了地呈现在学生面前。

（四）评价反馈，巩固训练

学生完成学习任务后，教师通过评价性问题对之检查，一般以提问方式进行，比如，"你认为……""你觉得……""你发现了什么"等。教师应给学生激励性评价，以激发学生的学习热情，培养学生学习的自信心。

问题提纲式导学既可以激发学生的学习热情，又可以培养学生的探究能力，还可以帮助学生巩固知识；同时，由于问题提纲式导学有一定的不确定性，如学生的配合程度、问题生成的复杂等，这就需要教师有足够的教学机智。运用问题提纲式进行导学，教师要注意课前问题设置与课堂内容总结，要善于将凌乱的知识点整合归一，以方便学生掌握。

第二节　内容提要式导学

一、内容提要式导学的内涵

内容提要式导学主要是指教学内容的前辅文，由主要内容、特点与目的三部分构成。其目的在于简明扼要地说明教学的内容、性质、作用、目标，让学生对所要学习的内容有一个具体而明确的认识。简明扼要的内容提要式导学有利于激发学生的学习兴趣，增强教学指向性。

从其本质特征来看，内容提要式导学结合了现代的教学思想与教学要求，融合了先进的教学观念与教学方法，能给予学生明确的指导，从而提高学生的学习效率。

二、内容提要式导学的基本原则

要想有效运用内容提要式导学，教师首先要具备编写内容提要的能力，即有解读教材、分析教学内容的能力。其次要具备娴熟的教学技能，从内容提要式导学的基本原则深入了解，实现方法的有效运用。

（一）概括性原则

概括性原则主要是针对内容提要的编写，要求教师做到概括突出、表述简练、措辞得当，发挥教学启发、指导的作用。在编写提要的过程中，教师首先要对教材知识进行有效挖掘，提取核心内容，找出中心词和关键词，寻找知识点之间的联系，将教学内容概括成要点。内容提要的编写常常出现一些易被忽略的问题，如内容重复、措词空洞、语言表达繁琐、中心不突出等。要解决此类问题，教师就必须增强分析教材、语言表达与总结归纳的能力，提高内容提要编写的有效性。

（二）主体性原则

主体性原则是对学生自主学习、合作探究活动的要求。内容提要式导学是一种具备学习指南功能的说明，教师编写的内容提要主要呈现在导学案中，可以让学生在课前接触新知识，熟悉学习内容，并为激发学生的学习积极性打下基础。根据导学案，学生能够进行自主预习，掌握基础知识，这有利于提高教学效率与教学质量。在课堂教学中，内容提要应以学习要求、知识提纲等形式呈现，用以指引学生进行自主学习、合作探究活动，这既能有效地规范学生的学习活动，让学生在自学中掌握知识，又可以充分体现新课程理念下教师主导与学生主体的有效结合。

（三）指向性原则

指向性原则是指教师通过对不同性质的内容提要的设置，指引学生针对不同的教学内容进行有针对性的学习，以促进学生对知识的掌握。从呈现方式上，内容提要可分为梗概式、说明式、悬念式、特指式；从呈现环节上，内容提要在教学目标、学习要求、问题设置、板书设计等方面有所体现。对此，不同的学科内容与教学目标都会随着内容提要的呈现方式和呈现环节的改变而对导学造成影响。多样化的指向性可以促进学生整体了解教学内容，并促使教学目标的达成。

（四）开放性原则

开放性原则是指教师以内容提要作为指导，组织学生开展开放性活动，并体现出启发性特征。内容提要仅是帮助教师完成导学的一个"踏板"，是启发学生思考的一个"助推器"。因此，编写内容提要、选择呈现方式只是实现内容提要式导学的第一步，教师的指导才是导学的关键。以板书为例，许多教师都以精美、简洁的板书高度概括教学内容，通过寻找知识点之间的联系，结合多样化的形式，如线条、图形、简洁的文字等呈现，以便让学生对教学内容有深刻而清晰的了解。板书好比悬念式的内容提要，通过一个中心字、一个关键词，激发学生的求知欲，激励学生深入学习，并帮助他们找出知识点之间的联系。同时，随着板书的完成，教学目标也逐步得到实现。开放式导学主要依靠学生独立思考，但也需要教师从旁协助、启发、引导，这对教师的导学技能与学生的学习热情有着较高的要求。

三、内容提要式导学的编写步骤

内容提要式导学是以内容提要的方式呈现，指导学生进行自主学习的一种导学方式。导学一般包括明确教学目标、锁定关键词语、确定导学方式和整合知识结构等步骤。

（一）明确教学目标

备课是每一节课不可缺少的重要环节。导学设计是教师对教材、课标、学情进一步认知学习的过程，是明确导学方向与选择导学方法的重要环节。导学设计首先确定的是教学目标，然后依据教学目标选择导学方法。在备课时，教师要注意研究教材，挖掘文本内涵，使其成为教学指导与学生学习的主要内容。教师若能够很好地把握教材，认识文本蕴含的知识，便可依据学情有针对性地选择导学方法。而内容提要式导学通过内容提要的编写设计，将知识重点和学习要求蕴藏其中，成为教师指导的工具，学生学习的指南。这是将教学内容与学习活动进行有效连接的一种手段，不仅为学生的学习活动提供方法，还为达成教学目标提供条件。

（二）锁定关键词语

内容提要的编写是依据学科知识特点、教学内容与学生的认知特征来概括归纳的，不同的教学要求或教学内容，其呈现方式与表现形式都会有所不同。尽管不同类型的内容提要所指向的教学活动有所不同，但是教师通过关键词语来讲解课文、讲授知识是不变的。可见，教师把握关键词语的准确性会影响到内容提要的编写，影响到学生对知识的理解，对教学有着巨大的影响。

以思想品德课为例说明。思想品德课多是对学生的行为规范、思想品德的教育。如果课文讲述一个道理或是典故，那么教师可通过问题的提出，配合插图、视频等方式将关键词语引出，指引学生的思维方向，让学生从关键词语中挖掘信息、探究知识，发现并体悟蕴含于关键词语中的思想品德观和社会价值观。关键词语的锁定既为导学创设了良好的机会，又为自学营造出开放的氛围。

（三）确定导学方式

内容提要在一定程度上是对教学重点难点的总结呈现。教师通过内容提要的呈现，可以促使学生总体把握学习内容，有效提高学习效率。新课程理念倡导师生交流，生生互动，形成"人人教我，我教人人"的学习氛围，而小组合作、探究活动、角色扮演、辩论赛等是常见形式。教师通过多种形式的活动，鼓励学生积极参与教学活动；导学以内容提要作为有效提示，积极引导学生自主学习，以促进学生达成学习目标。

如何促进？将教学内容简明扼要地归纳，让学生对教学内容有整体理解；引导学生依据梗概发现问题、分析问题、解决问题。内容提要主要有两种：一是悬念性内容提要，即通过问题的形式，将知识点蕴含于问题中，通过提出问题，组织学生开展探究活动；二是特指性内容提要，即对教学重点难点的暗示，常以关键词、中心句的形式呈现，要求教师针对特定的内容展开教学，以引起学生的关注。具体表现为板书，以引导学生对教学内容进行整体认识。

（四）整合知识结构

内容提要作为教学内容的载体，其作用不仅在于促进教学，还可作为学生巩固知识、掌握学法的重要载体。如一些原理、概念、公式，经过教师的归纳整理，以具体形象的语言表达出来，将复杂绕口的概念原理转化为易懂的、便于牢记的提纲，如绕口令、口诀等，以便于学生的记忆、掌握和巩固。同时，新课改提倡师生双向交流，教师可鼓励学生进行自我总结，让学生以熟悉的方法进行归纳，使学生在整合知识的过程中加深对教学内容的理解。

学生在教师的引导下，可以轻松掌握归纳知识的方法，学习能力也将获得提高。

导 学 案 例

大河流域的亚非古国[①]

1. 列出课文线索提纲，导入新课

（板书）大河流域的亚非古国⇨埃及

发展线索：兴起⇨统一⇨分裂⇨强盛⇨灭亡

师：本课我们将要学习兴起于非洲尼罗河流域的奴隶制国家——古埃及，我把它的历史分作板书上的五个时期，这实际上也就是古埃及历史发展的基本线索，请同学们根据这条线索，自学全文，找出各个时期所处的时间、地点、相关的事件、人物、重要名词，并注意思考：透过这些基础知识，能得到哪些结论？

2. 学生自学课文，回答提问，完成提纲内容

	兴起	统一	分裂（又走向统一）	强盛	灭亡
时间	公元前3500年	公元前3000年	公元前22世纪—公元前16世纪	公元前15世纪	公元前6世纪
地点	尼罗河流域	（首都）孟斐斯		地跨亚非军事帝国	
事件	奴隶制小国		以底比斯为中心统一两次分裂后重新统一		被西亚的波斯灭亡
名词或人物		古埃及金字塔	神庙	图特摩斯三世	

3. 利用提纲，对全文进行一次精讲

4. 课堂答疑、小结、练习，学生把提纲抄在书上，巩固教学成果

---

① 张澍波.提纲式教学法在历史教学中的尝试:九义初中历史新教材试教体会[J].雅安教育学院学报,1997(1):44-45.本文略有删改。

《大河流域的亚非古国》的导学可总结为四个步骤，即提纲—自学—精讲—巩固。首先教师以提纲的形式呈现内容提要，导入新课，接着指导学生自主探究，然后讲解教学内容，最后加以巩固。教师巧用内容提要式导学法，通过整理教学内容，将繁杂的历史事件融合到简明的表格之中，使学生能够清晰明了地了解历史事件的发展顺序、涉及的人物和作用、影响。内容提要的作用不仅促进了学生自主学习的活动，而且为教师进行课堂小结、练习巩固提供了基础性材料，从而有利于教学质量的提高。

四、内容提要式导学的运用策略

（一）设问导学，随问提取

面对一堂课的教学，学生首先关注到的是课题。简要明了的课题能够为学生提供重要信息，如知识重点、文本叙述的人物、地点或事件等。尽管课题简要，却仍能从中得到许多信息，这正是许多教师以课题作为导入的原因。内容提要所发挥的作用实际上与课题相似。学生透过简明的词句探视出深层的信息，"未学先知"对思维很有启发作用。针对内容提要的功能，教师可开放内容提要的设计形式，除了靠陈述性言语进行内容归纳外，还可透过问题呈现学习要求，激发学生的探究行为，或透过探究文本内容获取知识，步步深入，发展学生的思维能力。在此过程中，教师要科学合理地设置问题或有层次地进行提问，尤其注意设置开放性问题，以便促进学生的思维。

同时，教师要注意首尾呼应。课堂之初提出问题提纲，课后便要注意小结。教师通过对重点问题的归纳整理，让学生回忆学习过程，进行新旧知识的连接，建立系统的知识结构，这对学生日后提取知识与联系旧知有着重要的作用。对于课堂小结，教师同样可以让学生自主进行，鼓励学生根据自己的理解进行小结，对于学生错误的思维或不正确的思维方向，要给予一定的引导，使学生获得正确的情感体验与价值观念，从而促使素质教育的实现。

（二）紧抓语词，实现连接

课堂教学要能够抓住中心，即教学目标。教师依据教学目标选择导学方法，指导学生的学习活动，以便更好地达成教学目标。如何把握好教学目标？可从教学内容的中心展开，紧抓中心词句或关键词，建立中心词与教学内容之间的联系，引导学生进行探究学习。以语文学科为例，教学《台湾的蝴蝶谷》（苏教版小学语文）一课，教师可先展示部分蝴蝶谷的照片，再提出几个关键词，如"金光灿灿""色彩斑斓""五彩缤纷""五颜六色"，让学生进行自由朗读。在学生对课文有基本认识后，再对这几个词的含义进行探析，提出问题："你从这几个词中想到了什么"，并指导学生依据课文叙述感受。学生在词语学习与课文感知过程中，可以逐渐实现对文本内容的整体把握，并最终达成教学目标。

这种从关键词句出发，连接文本的方式，能够促进学生对基础知识与思维情感的把握，有助于提高教学效率。除关键词句外，还可以通过因果关系、递进关系、顺序关系等连接知识点，顺应思维发展，帮助学生逐步形成知识链。

（三）融合媒体，形象导课

在传统教学中，讲授式的教学缺少对方法与手段的运用，容易导致课堂气氛沉闷、学生配合度低、课堂教学质量低下等问题的出现。随着现代教育技术的发展，教学内容的呈现得到了多媒体的支持，这不仅充实了课堂导学的表现形式，还有助于营造良好的教学氛围。在导学中，教师可以通过现代媒体和传统教具的演示，将教学内容形象具体地呈现在学生面前，这对学生的想象思维与知识认知有着重要的启发作用。如板书设计，传统的板书往往是以简练的文字概括将知识点串联起来；而多媒体则可以把音频、视频、图片和文本融合一体，构成生动形象的画面，既能增强学生对教学内容的理解，又对学生构建知识有着重要的促进作用。

第三节　样例参照式导学

一、样例参照式导学的内涵

在基础教育课程改革中，教材与课标的重新修编，使得教学内容与学生的身心发展水平更加适宜，从而可以更好地适应学生的心理特征，促进学生的全面发展。教材的重新修编，是将不符合时代要求的内容删去，增加体现时代精神的新内容，其目的在于让学生能够在科学系统的教学材料中获取更多的基础知识。学生通过学习教材的内容来获得基础知识，这是一种样例学习的行为。

样例，又称例子或范例，是一种能够例说或表征较为抽象的概念原理的相对典型具体的例子，是能够展示同一类事物性质的样本或值得模仿的榜样，对学生的迁移学习起着重要的作用。[①] 具体来说，样例学习是指选取一些在所教授知识领域中具有代表性的、最基础的、最典型的例子，让学生通过对这些范例的学习，从特殊到一般，实现学习的迁移，掌握这一类知识的一般规律，并能积极主动地去发现问题、分析问题和解决问题，获得自主学习的能力。[②]

　　根据样例学习的内容，可将样例参照式导学理解为：教师给学生提供学习方法的样例，通过阅读、思考、分析、讨论和探究等活动，指导学生掌握学习方法，提高学生分析问题和解决问题能力的一种导学方式。与传统的教学方式相比，样例参照式导学反对一味地追求系统知识，反对教师面面俱到地讲授解决问题的方法和单一地灌输知识，而更多地强调学生的学习独立性。通过样例启发学生的思维，使学生从具体的样例解题步骤中掌握学习方法，习得解决问题的能力。样例参照式导学较多地运用于解决复杂抽象的问题，强调学生通过观察样例的解决方案，获得启发，找到适合自身解题问题的方案。

二、样例参照式导学的基本原则

　　在样例参照式导学中，无论是教师的"导"还是学生的"学"，都是围绕"样例"展开的。对此，教师在选择样例指导时，必须要遵循一定的原则，才能促进导学活动的有效进行。

（一）基础性原则

　　基础性原则是指样例的选择和设置应从基础知识出发，结合日常生活体验，变抽象性知识为具体步骤，使学生从特殊的样例中总结出一般规律，从而使学生获得分析问题、解决问题的能力。基础性原则要求样例能把抽象的问题具体化。学生通过对样例的观察，形成具体解决问题的图示和解决同类问题的样式。这样的图示和样式有助于促进学生知识的运用和思维的发展。

①　邵光华.数学样例学习的理论与实证研究[D].上海：华东师范大学，2003：5.
②　刘洁韵.浅谈范例教学法[J].中国科教创新导刊，2009(28)：84-85.

在这一过程中，教师的指导是关键。教师既要帮助学生理解、分析样式中所包含的内容信息和了解整个解题的步骤，又要引导学生从具体的样例中获取更多的知识内容，使学生从基础知识中获得学习迁移，从而进一步学习新知识，发展新技能。

（二）范例性原则

范例性原则是指通过精选的案例使导学达到基础性原则，即帮助学生从样例中获取学习内容与学习方法之间的联系，让学生习得分析问题、解决问题的方法或手段。样例参照式导学旨在让学生通过对样例的观察学习，从特殊的案例中发现知识的一般规律，学会解决问题的方式。学生要能够站在一个较高角度去看待问题，以发挥自身的分析能力与解题能力。而教师则通过具体的解题步骤来启发学生的抽象思维，引导学生从样例中找出解决一般问题的方法。这是一种让学生通过参照和模仿来获得问题解决方法的学习方式。这种解决问题的方法是学生通过直接地感知知识，形成具体的解题图式得来的。使用范例性原则来解决问题，有利于减轻认知负荷，促进能力的培养。

作为学生主观思维与客观教学内容之间沟通与联系的具体呈现，样例所要体现的内容最好能够符合教学的要求与学生的认知规律，能够表现教学内容的一般特征。对此，范例性原则便要求教师能够精选具有代表性、典型性的案例，使学生能够以点带面、举一反三和触类旁通地掌握知识，从而实现学习的迁移和知识的运用。

（三）实践性原则

实践性原则是指样例的呈现为学生创设了实际操作的机会，给予了学生进行独立思考的机会，对学生实践能力的培养也有一定的作用。在传统教学中，一般教学模式是教师先讲、学生后练，尤其对于概念、原则、原理、公式等内容的学习，教师泛泛而谈，尽管是对教材内容的详细说明，但缺乏样例的解说，使得学生一筹莫展，难以抓住抽象知识的本质。而样例的呈现便是给予学生一个实际操作的机会，给予学生一个开拓思维、展开想象的机会，让学生能够进行自主学习。学生在自学中领悟某种方法的实质，从而把基础知识迁移到新的学习内容上，从模仿过渡到方法的创新。这样有利于增强其学习的自信心，锻炼其学习的能力。

此外，样例参照式导学的实践性还体现在课外的练习拓展上，学生通过样例学习掌握自学的方法与手段。经过长期的样例导学，学生即便在缺乏教师指导的情况下，也能透过样例学习新知识，进行学习巩固与方法创新。这有利于培养学生形成良好的学习习惯，对后进生与中等生有明显的帮助，使其能够在进行学习提高的同时，实现自我价值。

（四）多维性原则

多维性原则是指样例能够呈现丰富的知识内容，延伸课堂教学的知识，拓展学习的界限。在样例选择上，教师不仅要选择能够体现教学内容的案例，还要选择具有启发性、典型性、延续性的案例，以启发学生的思维，促进学生思维能力的发展。此外，样例参照式导学的一大特点在于教学的方法与答案并不是唯一的和固定的，学生的思维也不受教师的约束，具有多元性与多维开放性。每个学生从样例中读到的信息都会有所不同，对解决问题方法的理解都有所差异。正是不同的见解使得学生问题解决的方案具有开放性和创新性，有助于其深入探究。教师通过交流、讨论，引导学生自主学习、交流想法，再进行师生交流，从众多的答案中整合出符合学生实际的方法，帮助学生了解解决问题的方法，增强学生分析问题、解决问题的能力，并最终促进学生发散思维的发展。

三、样例参照式导学的步骤

样例参照式导学是一个透过样例学习模仿解题方法的导学方式。在样例的选择和方法的运用上，教师可遵循一定步骤，以促进导学的有效开展。

（一）先选——选择呈现

样例是指导学生学习的重要组成部分。在选择与设计上，教师要注意从学生的认知能力与教学内容出发。样例主要包括三个部分——问题、解题的步骤与方法、评论。"问题"部分是对学生所要解决问题的陈述，是将教学的重点难点隐含于问题之中，用以指引学生的思维取向；"解题的步骤与方法"则是通过问题解决步骤的描述，逐步呈现出解决问题的方法，并将知识点蕴含其中，让学生从中获得知识与方法；"评论"部分则是对每一个步骤所采用的方法和依据进行阐释，意在让学生了解解题的思维方向，以便启发学生的思考。样例的呈现方式应是多样化的，可运用文本、图画、动画、语言等形式，根据学科的不同特征与教学内容的具体要求进行设计，以增强学生的理解力，避免以单一的文字形式呈现，减轻学生的认知疲劳。样例在参照式导学中的重要作用在于为学生提供自学探究的平台。对此，教师选择设计样例时，要注意将三个部分进行整合。如将评论设于解题步骤旁边或后面，以简单明了的语言进行概括，便于学生查阅学习；或是教师以口头语言进行说明，让学生通过视觉与听觉接受信息，以提高教学的效率。

另外，要说明繁杂的教学内容或实现教学目标，仅凭单个样例是难以实现的。因为学生难以从单个样例中获得一般规律，所以教师可设置多个样例，将教学内容合理分配到不同的样例中，透过样例阐释新知，层层深入，促进学生深入理解。而多个样例之间要注意连接性，所以教师应该将阐述同类知识或同一层面的样例集中呈现，减轻学生寻找所需信息的认知负荷，避免造成思维负担。教师则凭借口头言语进行评论，配合多媒体技术的呈现，以提高教学效率，如语文的文体、写作手法的知识，数学的规则、原理的学习等，都可运用样例进行参照学习。

（二）呈现——教学解释

呈现的方式应尽可能地多样化，以增强学生的学习积极性；可配合多媒体，如视频、音乐、图片或故事等，增强样例的趣味性，提高学生的学习兴趣与求知欲。这对促进学生的自主探究有强大的推动作用。

在样例学习中，学生光靠自学难以从样例中获得知识的重点与解决问题的方法。教师的指导解说是样例学习过程中不可缺少的支撑。教学解释是指教师通过语言、动作或者其他方式，明确完整地、有意义地将内容传达给学生，以促进学生对内容的理解。[①] 教学解释的作用在于帮助学生克服困难，检查和纠正学生错误的思维观念，引导学生正确地理解解题的原理、方法与过程。教学解释有别于传统的讲授式教学，它建立在呈现样例的基础上，通过师生的交流来实现其作用。教学解释并不是教师一味灌输，而是针对学生的自学过程进行适当整理、扩充和纠正，从而有助于学生对知识的获取与方法的运用。在这一环节中，教师要注意教学解释的表达，避免"一言堂"，可先听取学生初步的自学认知，然后针对学生的问题或疑惑进行解答。或是指导知识的重点难点，以加强学生的学习认知，加深学生对教学内容的领悟，提

---

① 张同柏.样例学习中的教学解释及优化策略[J].教育导刊,2012(7):12-15.

高教学效率。同时，教学解释也是对解题步骤评论的过程。在语言表达和评论呈现上，教师要注意形象性和生动性，以保持学生的学习兴趣与积极性，减轻学生的认知负荷，促进学生对知识的认识与能力的掌握。

（三）后用——自我解释

通过样例呈现与教学解释，学生对样例的知识与方法的运用能有具体的了解，接着便是自我解释与方法运用。要检验学生对新知识的认知程度，教师必须通过学生的自我解释，即学生对样例的意义、用途和逻辑关系的阐述进行检验。学生以自己的理解来解释学习的方法，可以加深其对样例的意义、内涵和知识的理解，促进知识迁移，增强学习的效果。在教学中，教师要采用各种有效的形式，鼓励和要求学生对样例进行自我解释，指导学生从多个典型的样例中获得一般规律以总结出解题的方法和步骤。在这一过程中，教师的从旁指导、适当暗示，能够加深学生对样例内在逻辑关系与意义的理解，使学生更加明确地了解样例的用途和要领，有利于学生从表面的观察深化到模仿运用，使学生从"知其然"升华到"知其所以然"。当学生有了具体的了解，教师便能指导学生对所掌握的方法进行运用。教师可通过变式样例，呈现出与样例相似的问题，指导学生进行自主分析、解答，通过练习训练的方式巩固知识、掌握方法，提高导学的实效性。

导 学 案 例

样例视角下的初二几何说题教学①

在进行平行四边形判定教学时，教师将平行四边形的判定定理 3 作为样例，进行了以下教学。

求证：对角线相互平分的四边形是平行四边形。

在学生认真阅读定理后，教师对学生进行了以下引导。

师（引导 1）：将题目中的文字描述转化为数学符号表示。

已知，在四边形 $ABCD$ 中，有 $OA=OC$，$OB=OD$。求证：四边形 AB-CD 是平行四边形。

---

① 范宏业.样例视角下的初二几何说题教学[J].数学教学通讯,2012(33):12-15.本文略有删改。

师（**引导** 2）：根据题意画图（图1）。

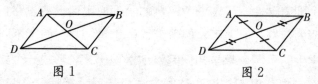

图1　　　　　　　　　图2

师（**引导** 3）：将已知条件在图形上标示。（学生在黑板上画出图2）

师（**引导** 4）：根据求证思考所需条件，即当四边形 $ABCD$ 满足哪些条件时，就是平行四边形？

生：$AB/\!/CD$，$AD/\!/BC$。

师：为什么？

生：根据定义，两组对边分别平行的四边形是平行四边形。

生：$AB=CD$，且 $AB/\!/CD$；或 $AD=BC$，且 $AD/\!/BC$。

师：为什么？

生：根据定理1，一组对边平行且相等的四边形是平行四边形。

生：$AB=CD$，$AD=BC$。

师：为什么？

生：定理2，两组对边分别相等的四边形是平行四边形。

师（**引导** 5）：分析条件，延伸条件。

师：对，刚才三位同学说得都很好，我们是可以从这三个角度去思考、证明四边形是平行四边形，但是条件允许吗？

生：老师，我们可以根据已知条件证明 $\triangle AOB\cong\triangle COD$，可以得到 $AB=CD$，$\angle OAB=\angle OCD$，再推导出 $AB/\!/CD$，根据定理1，即可得四边形 $ABCD$ 是平行四边形。

师：请你上黑板板书证明过程。（学生板书结束）还有其他的思路吗？

《样例视角下的初二几何说题教学》呈现的具体模式是问题、解题步骤与方法、自我解释，具有一定的典型性和参考意义。

根据数学学科的内容特征，几何问题具有一定的抽象性。在问题陈述上，简练和特殊的数学符号应用较多，学生容易混淆相关的概念与特定符号的应用。而教师则应该用样例解决这些基础性的知识误区，让学生在自学参照中掌握解决的方法。样例呈现方式符合学生的认知水平，教师通过图形与线条的运用，将问题形象地在图形上呈现，便于学生的理解。同时，教师的指导注重学生的个别差异性，让先思考成熟的学生说出自己的思路，为其他学生提供一个新鲜的范例，促进了其他学生的再思考，并促使了不同思维方法的产生。几个学生的思考令教学知识完整地呈现出来，形成一个知识整体。学生便在相互交流中获得新知识和解题方法。最后，教师总结归纳教学内容，梳理知识，借助图形整合条件，让学生形成了一个完整的解题思路，并帮助学生掌握了整个解题过程的宏观思路，完成了导学任务。

在样例参照式导学中，样例的解题步骤不一定完全呈现，可先呈现一部分步骤，激发学生思考，然后让学生把解题步骤补充完整，这有助于增强学生分析、解决问题的能力。又或者，教师只提出问题，让学生尝试自己解答，把正确的解题方式作为其他学生的参照范例，以此提高学生的自信心，促进学生之间的相互学习。导学在学生良性竞争中相互促进，体现出了主体性原则。

四、样例参照式导学的运用策略

（一）创设情境，组织探究学习活动

在样例参照式导学中，要激发学生对样例的学习兴趣，引发其对样例的探究活动，教师组织探究的前期工作是关键。在课堂上如何呈现样例，如何把教学的内容与样例的探究融合在一起，都需要教师积极组织。在导学过程中，教师要能够巧设疑问，通过提出问题，制造悬念，激发学生的求知欲，创设呈现样例的时机，组织开展学生的自学活动。教师可根据样例的性质与类型进行导学。例如生活式的样例能够从生活常识中切入，交代清楚事件背景，"制造"生活问题的矛盾，引发学生的注意，提出问题，让学生在有限的信息中进行探究，使学生学会分析问题、找出解决问题的方案；又如公式概念型的样例，则可从旧知识出发，引导学生对新旧知识进行比较和迁移，或是教师引导学生开展预习活动，让学生从多个样例中探讨公式概念的意义，但这需要学生有较强的学习兴趣与一定的认知能力；再如猜想转换型的样例，教师则要注重启发，创设问题情境，让学生带着疑问观察样例，从样例中获得有效信息，促进思维活动。要顺利开展样例参照式导学，教师必须注重培养学生学习的积极性，营造和谐与开放的教学环境，以促进探究活动的有效开展，促进学生对样例的观察学习。

（二）教学解释，把握教学讲授程度

在样例参照过程中，教学解释是教师参与学生探究活动的重要环节，对学生的思维发展方向可以产生巨大的影响。教学解释的作用是不确定的，或会有效地提高学生的思维能力，或会对学生的认知活动产生阻碍。这便要求教师能够把握教学讲授的"度"。教师在进行解释时，要适当留给学生思考的空间，避免滥用教学解释，阻碍学生的思维发展，造成学生对教师的依赖。对此，教师对教学解释要有一定的"度"，可以依照学情，进行有差别的教学解释，以适合不同学生的认知差异。在一定程度上，较好的教学解释的标准为：

第一，语言表达顺畅完整、通俗易懂和清晰明了，符合学生的基本认知。

第二，能够清楚解释样例展示出的含义与概念，提供精确、有意义的信息，可显示出样例的有效性与适用性。

第三，要能够将学生的混乱思维梳理清楚，阐明具体的学习内容，启迪学生的思维，促成样例学习活动的有效开展。

要落实教学解释的有效性，教师最好能够将知识点与解题步骤相结合，指出教学重点难点，建立样例与教学内容之间的联系，让学生能够对基础知识进行迁移，从而获得新知。同时，教师要保持教学解释与学生自我解释之间的平衡。在教学指导中，教师要积极引导学生进行学习体验，鼓励学生说出自己的想法，进行自我解释，促进学生创造性思维的发展，并最终提高教学的质量。

（三）变式练习，增强自主学习意识

在学习过程中，样例作为学习参照物，为学生掌握知识提供了一定的学习交流平台，使其能够轻松获得新知与解决问题的方法。要巩固知识，促进方法的运用，教师还须使用传统的方式，如进行巩固练习训练，或进一步进行课外作业拓展。学生在不断的练习中，可以创新学法，从中总结出一般的规律，并达成学习目标。巩固练习可从样例的变式开始，找出类似的问题让学生进行自主解答，检验学生对样例的理解与方法的学习。在这一过程中，教师要注重学生对解题步骤的逐步实现，鼓励学生一步步地分析问题，循序渐进地解答问题，以检验学生对各个知识的运用程度，以此进行查漏补缺，检验学生的认知程度。教师要避免操之过急、急于求成，一旦忽略了学习的过程和时间，就会使学生养成不良的学习习惯，也会忽略学生之间的差异性，

不利于提高教学的质量。

教师可针对教学内容设置练习问题，改变问题的呈现方式，让学生尝试使用同一个方法解答新问题，培养学生举一反三的能力。学生对不同问题进行重新思考，并运用自身知识寻找解决问题的方法，这有助于培养其创新能力与思维能力，可以增强其主体意识。学生通过样例拓展学习，有助于其进行反思；通过对方法的灵活运用，能够发现自身的不足之处，以此促进自我的再学习，并最终达到巩固知识与培养能力的目的。

第四节 实战案例：如何选择课堂导学方式

一、实战案例

世界政治经济地理格局①

（一）学习目标

1. 知识目标

（1）结合史实，回顾第一、二次世界大战爆发的原因及结果。

（2）结合实际，理解国际政治地缘合作与冲突的背景、表现形式和前景。

2. 能力目标

（1）掌握世界政治地图演变的原因及表现。

（2）理解世界政治地理格局的形成及特点。

（3）通过学习，培养自己迁移历史、政治知识并结合地理知识综合分析问题的能力。

3. 情感态度与价值观目标

（1）通过学习，逐渐形成用历史的、发展的观点看待问题的习惯。

（2）对问题能做出分析和判断，形成自己的观点。

（二）学法建议

结合世界地理和历史的相关知识，回顾第一、二次世界大战及其影响，对比分析第一次世界大战前后欧洲政治地图的演变、第二次世界大战后欧洲

---

① 王宏.5.1"世界政治地理格局"学案设计[J].中学地理教学参考,2004(12):27-28.本文略有删改。

疆界的变迁。以案例为载体，结合近期国际热点时事，利用地图对比分析和综合分析地区性冲突的原因及影响。

可用小组讨论法、读图分析法、比较法、归纳法、案例分析法等学习方法。

（三）学习内容提要

世界政治地理格局
- 两次世界大战及其影响
  - 第一次世界大战——奥匈帝国和奥斯曼帝国崩溃，欧洲政治地图发生演变
  - 第二次世界大战——两大阵营形成，东西对抗，欧洲疆界变迁
- 世界向多极化方向发展
  - 两极格局遭受冲击
  - 多个政治经济力量中心
- 国际政治的地缘合作与冲突
  - 局部冲突表现及原因
  - 组建区域性国际组织的意义

（四）课堂讨论题

（1）欧洲列强向海外殖民扩张开始于什么时间和事件？在什么时间，整个世界基本被瓜分完毕？

（2）第一次世界大战爆发的根源是什么？

（3）第一次世界大战的对战双方分别是哪些国家？其结果如何？

（4）第一次世界大战前后，欧洲政治地图发生了哪些演变？你能根据地图分析演变的结果吗？

（5）第二次世界大战开始于哪一年？爆发的根源是什么？

（6）第二次世界大战的对战双方分别是哪些国家？其结果如何？

（7）第二次世界大战后，欧洲政治地图又发生了哪些演变？

（8）第二次世界大战后，世界政治形成的两极格局维持到什么时候？

（9）现在的世界政治格局是什么？由两极格局转变为现今这种格局的标志是什么？

（10）如今世界上有多个政治经济力量中心，都有哪些国家或地区？

（11）你能列举出第二次世界大战后至今，世界上发生的地区性冲突有哪些吗？你能概括出地区冲突影响的因素一般有哪些吗？为了保持一个和平稳定的发展环境，你知道一些国家采取了什么措施吗？

（五）课后思考题

20世纪国际关系格局发生了三次大的变动，指出这三次变动发生的时间及标志，结合史实说明每次变动发生后，中国的国际地位是怎样的？

二、实战经验

《世界政治经济地理格局》主要讲述两次世界大战对世界政治经济地理演变的影响，以及当今一超多强的世界政治格局和多极化发展的趋势。它囊括了地理、历史、政治多个学科的内容，时空跨度大，学科多而复杂。因此，教师在导学设计时，要顾及教学内容与学生认知能力等因素，帮助学生有效地掌握知识点，从而促成教学任务的完成。

（一）列纲提要，学案导学

针对教学内容的特点，教师通过列纲要的手法，将繁杂的教材内容整合成简练的内容提要，梳理知识内容，使学生对学习重点有清晰的了解。导学案的特殊作用在于事先向学生呈现学习重点，促使其进行课前预习与资料搜集。教师对学习目标、学习建议、学习方法做出详细的说明，为学生的课前预习提供具体的指导，并鼓励学生通过各种途径搜集有关资料，为知识的扩充、学习的指导打下基础，也有利于提高学生的动手能力和搜集分析资料的能力。

（二）问题提纲，自学探究

除了列出内容提要外，教师还列明了问题提纲，并将教学重点隐含在问题之中，指导学生进行自主探究。在这一过程中，教师变讲为导，首先让学生明确学习目标，指导学生依据内容提要进行自学，再根据列明的问题提纲开展小组讨论，让学生在互动中学习知识。在小组交流中，教师并非任由学生盲目地讨论，而是鼓励学生以比较法、案例分析法、读图分析法、归纳法等进行学习，注重学习过程与方法运用，以促进学生的能力培养，增强讨论的有效性。学生运用导学案，可以明确学习方向，提高探究的主动性和讨论的积极性，这对达成教学目标、提高教学效率有较大的推动作用。

（三）精讲点拨，课后拓展

小组自主探究后，学生以小组为单位进行成果汇报。通过小组之间的交流，使不同的思维进行碰撞，从而让学生认识到不同的思维观念，并加深了对知识的整体了解。在汇报过程中，教师以精讲的方式进行指导，针对学生的疑惑给予点拨，适当地进行知识拓展。精讲对学生巩固、拓展知识起重要作用，这不仅有利于提高教学的实践性与综合性，也有利于克服学生学习目标的模糊性与盲目性，对教学效率的提高具有重要作用。在课后，教师留有讨论题，将课堂的探究活动延续到课外，鼓励学生勤于思考，积极进行知识拓展与思维锻炼，可以帮助学生提高学习能力，养成良好的学习习惯。

三、实战策略

导学案作为指导学生课前学习的重要资源，包括了学习目标、学习方法、课堂练习、内容提要、问题探究等多个部分，能将教师课堂教学的计划呈现于学生眼前。如果教师想完美地将导学案呈现于学生眼前，并有条理地运用导学方式，可以依据以下的策略进行设计。

（一）学案导学，明列纲要

在传统教学中，预习主要以阅读教材、初步了解教学内容为主，缺少具体的实践操作，不能发挥课前自学、协作教学的作用，因此说这种预习是可有可无的课前学习。而导学案的出现，正好避免了"预习无用论"的尴尬，它以具体的学习要求、课前小练习、简练的内容提纲来指导学生积极地开展课前学习活动，为课堂导学打下了知识基础。对于导学案的设计，要求教师有良好的解读教材、分析教学内容的能力，还要求教师能巧用导学方式，以达到科学合理地设计导学案的目的。教师通过分析教材内容，将教学内容以提纲形式列明，帮助于学生了解教学内容和梳理知识点。呈现内容提要其作用不仅在于帮助学生了解教学内容，还能起到一定的激励作用。教师可通过内容提要，设置学生的学习要求，鼓励学生开展课外学习和知识拓展活动，为课堂教学提供更多更新鲜的教学资源。

内容提要的呈现方式并不仅限于导学案之中。在课堂上，内容提要可以更加简明的形式出现，如板书、多媒体课件等。教师要能够巧用手段，指导学生通过简明的内容提要，了解知识点之间的联系，使学生对教学内容有整体的认知，这有利于帮助学生巩固知识与构建知识。教师的导学不仅是对知识点的解疑，还是一个学法指导的过程。教师在指导学生自主探究时，可让学生动手操作，如指导学生找出知识重点，鼓励学生进行自我总结。这样的学法指导，不但有利于学生掌握知识，还有利于他们获得实践能力。

（二）问题呈现，逐层启发

除了内容提要式以外，问题提纲式也是一种较好的导学方式。教师通过列明问题提纲的方式，指导学生以分析、解决问题为目的进行自主探究，让学生在探究活动中培养自学能力。在提出问题的过程中，教师要注意学生的主体参与性与问题的启发性，要从学生的根本疑惑上提出问题；要根据学生的认知水平，开展指导活动。学生的主体参与性可通过师生交流与生生合作得到提高。如上文提到的后置性问题，教师在导学案中先不呈现问题，让学生在初读感悟之后再提出问题，鼓励学生质疑问题，使之提出具有针对性或创新性的问题。这样的导学方式能够为课堂教学创造许多生成性资源，为教师提供最切合学生求知欲与兴趣的教学资源，有助于营造良好的课堂氛围，提高教学效率。教师针对学生的问题进行有效筛选，选取能够体现教学重点难点的问题，整合成提纲，组织学生进行小组讨论。然后根据小组的汇报情况，教师对学生的错误思维进行纠正，对教学重点难点深入指导，令学生在自学与精讲中收获知识、培养能力。

（三）样例参照，评价反馈

在样例参照式导学中，样例的呈现为学生提供探究借鉴，让学生能在模仿中创新学习方法，有利于学生高效掌握知识。样例的范例性与基础性原则有利于学生在样例的解题中学习基础知识，获得解答问题的有效捷径。因此，教师要注意对学生的指导，鼓励学生在样例学习中挖掘有效的信息，启发学生以不同的解题方式创新解题思路与方法，从而实现知识迁移。在这一过程中，教师可通过呈现多个样例，让学生在比较中分析问题、解决问题，引导学生比较不同的解题方法，从中发现差异，从而灵活地运用各种解题方法，并总结出一种适合自己的解题模式。同时，学生对于教师的评价是十分在意的，激励性的评价能够提高学生的自信心；反之，否定性的评价会挫伤学生的积极性，不仅不利于师生之间的交流与知识的传授，还会对教学有一定的阻碍作用。

在教学活动中，导学方式的运用并不仅限于一种，教师要根据不同的教学目标、教学内容与学生情况进行合理选择。各种导学方式之间的界限并不明显，一种导学方式通常会结合其他方式，如问题式导学的运用，往往会与讨论式导学结合，通过组织学生进行合作交流，达到问题探究的目的。

第六章

课堂导学案编制的方法

课堂导学案（以下简称导学案）是师生在课堂上的指路明灯，贯穿课堂的始终。开放课堂，以导为先。导学不仅要靠教师"嘴上的功夫"，而且需要学生的配合互助。良好的学习氛围总能提高课堂教学的有效性。到底什么能够使课堂避免出现尴尬的沉闷，指引学生自学方向？导学案会是有效的辅助手段之一。如何编写导学案？首先我们来了解一下课堂导学案编制的相关要求。

第一节　课堂导学案编制的要求

一、特征

作为重要的教学辅助手段之一，导学案明显区别于传统教案或者教学设计。导学案的特征是时代发展的要求，充分反映了当今课堂教学的整体趋势，适合现代教育发展的需要。了解与掌握导学案的特点，有助于我们编写新颖的、明晰的导学案。

（一）基础性

教学开始前，教师和学生共同编制导学案，然后根据导学案开展一系列的课堂教学活动。导学案以文本形式展现，又以师生课堂活动形式"演绎"。扎实的基本功、专业的学科素质、朴实的职业道德等都是教师教学的前提条件。拥有健康的身心素质、丰富的生活经验以及良好的学习环境等则是学生学习的基础。课堂教学是一种由师生共同合作，以提高教学效率、提升学生知识层次为目的的活动。而导学案则是师生互动的媒介，它贯穿于课堂教学的始终，是教师带领学生学习、学生自主学习的桥梁。所以，为了发挥导学案的基础性作用，导学案的编制必须注重基础知识的设置以及各知识点之间的连接。

（二）开放性

导学案的开放性不单指文本知识的多样性，更重要的是获取知识形式的灵活多变性。导学案内容的设计应该切合学生的实际情况，必要时增加学生讨论学习的形式，如举办辩论赛、角色演绎、换位思考等。创新，是思维活动的最高境界。而开放式的导学案设计则是培养创新思维的重要形式。开放知识的结构、开放活动的形式等都是教人发现真理的重要途径。

（三）主体性

主体性是现代教育最突出的特点。学生既是教学的对象，也是学习的主体。对于教师和学生而言，导学案是教师引导学生开展合作学习与自主学习的载体，是帮助学生顺利学习的"指南针"或"导航仪"。换句话说，导学案是为学生的学习服务的。它必须遵循学生是教育主体的原则，为学生学习提供指导，以达到课堂效果最优化的目标。

由于受传统教学思想的影响，很多教师的教学设计、过程、方法，甚至组织形式等都以教师为中心，严重忽视了学生的主体性。导学案的编写必须摒弃传统教学"以师为纲"的思想，从学生学习的角度着手，编写真正引导学生学习的设计文本。教师应该鼓励学生主动参与编制导学案。这有利于编制出符合学生实际情况的导学案。重视学生的主体地位是设计导学案的基本要求，也是其基本特征。

（四）差异性

导学案的差异性体现在两个方面，一是与传统教学设计的差异，二是各个导学案之间存在差异。与传统教学设计的差异，主要体现在教学目标、教学内容、教学方法、教学评价上。传统教学设计注重教学步骤的落实，是教师落实教学任务的手段。而导学案则从学生出发，兼顾教师"教"与学生"学"两个方面，比传统教学设计更趋于人性化、合理化，也更能体现其科学性。正是因为导学案与传统教学设计的这种差异，才突显出导学案的优越性、先进性与合理性。

导学案之间的差异主要因为教学对象、教学内容、具体要求、方法手段甚至环境不同而产生。一份好的导学案应适用于对应的学生学习、教师教学与环境。这就表明相同的内容可能有多种不同的导学案，不同的班级所采用的导学案也会存在差异。

（五）生成性

预则立，不预则废。不管是传统的教学设计，还是新型的导学案，都会体现一定的预设性。然而，课堂不是一成不变的。教师与学生、学生与学生、教师与文本、学生与文本等之间都存在很多生成的机会。这种生成可以是教师通过文本预设而引发的。教师在导学案中留出的空白或者恰当的提问设计等都是引发生成的手段。而学生手中的导学案则为其课前预习以及扩充课外知识提供文本引导，使之在课堂上表现更活跃，促进生成性资源的产生，从而优化课堂质量。

例如，一位教师在教学《节约用水》时，一个学生指出洗车太浪费水，而另一个学生则认为洗车要用很多水才能洗干净。两种截然不同的观察角度产生了碰撞，这恰恰是引导学生深入讨论的契机，教师可由此引导学生思考日常生活中如何解决"需要用水"和"节约用水"的矛盾，提高课堂质量。[1]这种生成性资源可以体现在导学案中，使导学案真正为导学而设。

当然，一份能驾驭课堂的导学案需要做好充分预设的准备，从而尽可能为生成性资源的捕捉提供便利。导学案的生成性充分体现了学生的主体地位，有利于发挥学生的学习积极性。

二、原则

导学案是沟通教师"教"与学生"学"的桥梁，必须具备强劲的说服力。导学案作为较为严谨的教学文档，必须遵循一定的教育原则，以适应教学的需要。导学案要做到科学、有效，就要在编制过程中遵循课时化、问题化、参与化、层次化等原则。

（一）课时化原则

课时化是根据学生学习情况以及年龄特征，把课程分为众多由浅入深的

---

[1] 曾文婕.课堂教学设计[M].北京:北京师范大学出版社,2011:57.

步骤安排，并运用恰当的引导手段和高效的学习方法，设置适合学生智力程度的量化的教学模式或者结构。

课时是课程教学的"细胞"，有利于学生循序渐进、按部就班地学习。导学案作为课堂的指南针，必须遵循课时安排。一个导学案应该对应一个课时或一些课时。这样不但能使教师整体把握课程设置的流程，而且能让学生根据导学案理解整节课时有多少知识点和需要掌握哪些内容，懂得搜集资料，以提高学习效率。

课时化原则体现了教学进程从量变到质变的变化。导学案的课时化使得课程一步步向前推进，知识广度一点点扩大，符合学生的发展心理。

（二）问题化原则

问题化原则是指导学案根据教学内容进行问题设置，其中需要体现教师引导学习、学生产生疑问的过程，让学生带着疑问学习，提高其学习积极性。

爱因斯坦说："提出问题比解决问题更重要，想象力比知识更重要。"问题的提出对于促进创新思维具有重要的作用。

问题有很多种类，根据问题产生形式的不同可以分为预设性问题和生成性问题。预设性问题是指教师在备课时对教学内容和教学过程等进行预测，针对学生实际情况事先设置的问题。生成性问题是指课堂上学生的思维被激活而动态生成的问题，是教师和学生自主构建教学活动的结果。预设性问题是开展学习的前提条件，而生成性问题则是学生达到自觉学习效果的体现。二者的有机统一使得学生的学习更丰富、更完整，充分体现了素质教育培养创新型人才的要求。

（三）参与化原则

导学案是学生学习的指导文本。学生是学习活动的主角，其参与度直接决定了导学案的质量。因此，导学案的基本任务必须以参与化作为基本原则，以提高学生学习的参与程度。

导学案除了有教师与个别学生的有效互动外，需要更大的篇幅考虑到整体学生的参与度。例如，教师应将小组合作讨论落实到每一个学生身上，充分调动每个学生的积极性，让他们感觉到自己的重要性，感受到教师的关注，这有利于形成积极的学习氛围，同时有助于提高学习质量。

导学案是对学生学习的一种引导。因此，它的内容编制直接影响学生参与课堂的积极性。内容的灵活生动易使学生产生学习兴趣，增强学习参与度。而枯燥无味的导学案设计，则令学生对课堂产生反感，导学案也就毫无"引趣"之意了。

（四）层次化原则

导学案的层次化原则主要是指分层设计学习目标，分层设计探讨问题，分层设计学习程序，分层设计展示板演，分层设计评价标准，分层设计达标训练，分层设计检查反馈等方面。[①] 导学案的层次化主要体现在学生层次的差异上。学生层次主要包括年龄层次和知识层次两个方面。学生由于家庭环境、文化程度、知识基础等差异而产生学习差异，这要求导学案把这些因素考虑进去，以便因材施教。根据层次化原则，导学案的编制要多角度、多梯度、多维度，以便更大发挥"导"的作用。

第二节　课堂导学案编制的内容

内容是导学案的灵魂与核心。虽然导学案的模式不断创新，形式不断变化，但是基本要素是不变的，主要包括学习目标、要点预设、学法指导、知识链接、自主学习、合作探究、测评反馈和课后反思等。

一、学习目标

在《现代汉语词典》中，"目标"是指"想要达到的境地或标准"，侧重于所期待的结果、达到的标准。学习目标是指学生在课堂或者整个受教育过程中希望达到的掌握知识的效果或者程度。在教师看来，学习目标相当于教学目标。它是课程目标的载体，具有导向性，指导教学结果的测量与评价，指导教学策略的选择与运用，指引、激励学生学习的作用。[②] 对于学生而言，学习目标对于学习具有导向、激励、调控等功能。因此，明确的学习目标是编制导学案的基础。

一般而言，学习目标分为认知学习目标、动作技能学习目标、情感学习

---

① 张海晨，李炳亭. 高效课堂:导学案设计[M]. 济南:山东文艺出版社,2010:57.
② 陈晓慧. 教学设计[M]. 2版. 北京:电子工业出版社,2009:118-119.

目标、社交技能学习目标等。学习目标不宜设置过多，要分清主次，轻重适宜。由于学科特点与教学要求等原因，学习目标的编制应有所侧重，面面俱到的学习目标并非是最理想的。那么，具体来说该如何设置学习目标呢？首先，回顾任务分析，确定学习者解决学业问题所必须掌握的最主要的知识、任务和态度；其次，将任务分析所确定的目标与任务进行系列分组；再次，进一步细化每个目标，设置较容易达成的小目标，并附加重要信息；最后，为其他附加的重要信息编写具体目标。[①]

设置学习目标不能随心所欲，要有所要求。首先是数量适宜，一般3～4个具体有效的目标为宜；其次是各个目标应切实突出学习重点，以便学生在学习过程中注意到这些学习要点；最后是注意达标词语的表述，避免笼统使用"了解、认识、理解"这些词语，应具体以"会读出、能写出、掌握情节"等一些词语来表述学习目标。

二、要点预设

要点是指学习内容的知识重点以及需要教师积极引导的关键环节。预设是根据一定的事实材料和理论知识，对于研究现象的未知性质及其原因或规律的某种推测性说明。[②]

导学案的预设侧重于导学，教师重在引导学生，鼓励学生主动发言、主动学习、主动参与，解决重点知识。导学案的要点预设要充分体现出"导"与"学"的功用。

（一）目的性与整体性

导学案的最终目标就是引导学生更好地学习掌握知识，预设必须有导学的意味。这要求预设立足于教材，通过导学案的形式把知识点呈现出来，让学生的学习有明确的方向，问题有"诱思"的作用。

（二）针对性与分层性

达成学习目标是导学的出发点和归宿，导学案的预设要对导学内容、导学对象、导学环境等有明确的针对性，对于不同的授课对象、不同的课堂气

① 莫里森,罗斯,肯普.设计有效教学[M].严玉萍,译.4版.北京:中国轻工业出版社,2007:103.
② 王鉴,张晓洁.试论预设性教学的内涵和特点[J].课程·教材·教法,2008(2):26-27.

氛等要及时做出调整，以适合学生的接受方式。每个学生都是独立的个体，由于生长环境、年龄差异、身体素质等因素的影响，学习能力和水平也有一定差异。因此，问题设置和流程的制定必须适合不同层次学生的要求，最大限度地顾及全体学生。

（三）系统性与灵活性

预设的系统性是指要顾全所有学习者的需要，根据学习内容进行系统编排，使整个学习活动能有序进行。灵活性是指在课堂中出现某些特殊情况时，教师要灵活应对，使教学继续顺利进行。系统性和灵活性对立统一，并共同存在于导学案中。

（四）实用性与艺术性

导学案的目的在于引导，要引导学生通过学习达到学习目标，从引导的角度对学习方法、学习过程、学习方式进行深入探讨，并在其中充分体现学生的自主性和合作精神。导学的艺术性主要体现在教师的讲授方式、组织方法和个人气场上。

三、学法指导

导学案的宗旨就是让学生有主动学习的冲动，帮助教师引导学生掌握自主学习的方法，达到学习效果的最优化。学法是学生为完成学习任务而采取的手段或者途径。学法可以按认识不同进行划分。四川省教科所严成志在《试论学习方法的基本类型》一文中认为，较有代表性的、能体现学习规律的学习方法大体有五类。[①]

（一）模仿借鉴的学习方法

模仿，是人类天生的生存技能。学生模仿学习更是无处不在、无时不有。教师的一举一动、同伴的行为举止、自己以往的思维或者行为都是自身模仿学习的对象。借鉴，是别人的可供自己对照学习的经验或吸取的教训。模仿和借鉴是课堂学习中常见的、有效的学习方法。

（二）抽象概括的学习方法

学习的基本经验是思考。学生若只是等着别人对自己进行知识灌输，则

---

① 严成志. 试论学习方法的基本类型[J]. 教育研究，1985(4)：58.

不能对知识进行内化，这些知识如同无根的浮萍一样，很容易被冲走、遗忘。如何把知识内化为自己的东西？答案就是：思考！具体而言，就是学生对学习对象进行分析、理解、综合、抽象、概括等思维加工，通过理解和区分，把有联系、有意义的知识点保留下来，然后进行重组，转化成自己的知识体系；抛弃一些简单的、零散的、非本质的东西，防止对学习造成负面影响，从而提高学习的质量。

（三）解决问题的学习方法

学习就是一个不断遇到问题又不断解决问题的过程。问题出现得越多，证明自己需要学习和掌握的知识就越多。知识的获得总是以问题的探索为开端，以问题的解决为完成。学生通过不断解决问题获得知识和经验，又通过对这些知识与经验的再运用来解决问题从而获得经验的巩固和提升。不断解决问题的过程，就是不断接近目标的过程。

（四）逻辑推理的学习方法

如果说抽象概括的学习方法是直接分析经验或感性知识并予以概括而形成的概念，是从直观到抽象的思维转变，那么逻辑推理的学习方法则是通过已有知识的引申和发展获得新知识。它比抽象概括学习的方法更高级，是一种高级思维活动方式，也是一种比较深奥的学习方法。

（五）总结提高的学习方法

总结所学、所思，在得出一套自己的学习方法或者学习经验后，把这些知识运用到生活实际当中，让自己的思维能力和素质得到提高。[①] 这是一个总结提高的过程，一般须历经认知规律、形成结构、总结运用三个阶段。

四、知识链接

导学案的编制以教材为主要内容，把知识链接作为深化内容、拓展知识的部分，因而具有强大的优越性。首先，它是课本知识的补充，满足了学生扩充知识的需求；其次，它是帮助学生理解课本知识的途径之一，可谓"曲线达标"；最后，它是沉闷课堂的兴奋剂或者润滑剂，为调节课堂气氛作贡献。导学案的编制中知识链接应具有相关性、丰富性、适度性和启发性等特点。

---

① 刘舒生.教学法大全[M].北京:经济日报出版社,1993:264-265.

（一）相关性

知识链接作为课本知识的补充与延伸，积极为教学服务。这些知识链接与课本知识必须有相关性。知识系统是一个多层次复杂的网络系统，里面的知识点存在着一定关系。虽然并不是所有知识点都可以直接应用，但是要获得高效解决问题的能力，就必须学习一些看似不大"有用"的知识点，以丰富自己的知识网络。知识链接凭借这种相关性来帮助学生实现学习结构的最优化。

（二）丰富性

知识链接作为辅助材料出现在教学活动中，以丰富学生学习内容为主要目标。它的丰富性表现在课文内容的增加和补充。比如，《鲁迅自传》（人教版初中语文）一课，总共才 1000 字左右，但浓缩了鲁迅先生近 50 年的人生经历。这篇自传性文章文字极简练，叙事跳跃性极强，如何让学生既能明白自传这一文体的特点，又能更好地了解鲁迅其人其事？江苏省张家港市凤凰中学邓立新老师上这一课时，以鲁迅的诗导入来讲解《鲁迅自传》，取得了良好的效果：记述鲁迅从出生到外出求学，引入诗《别诸弟三首——庚子二月》；记述鲁迅求学，引入诗《自题小像》；记述鲁迅撰写自传，引入诗《自嘲》。[①]

《鲁迅自传》作为自传，极为简洁，读者不容易理解。而邓立新老师通过引用作者的诗歌，不但丰富了教学内容，而且拓展了学习知识，由此可见知识链接的丰富性对教学的重要作用。

（三）适度性

知识链接不是多多益善，而是要适度，以恰到好处为宜。教材是导学案编制的主要依据，占有不可替代的地位，额外的知识链接只起辅助作用。因此，知识链接的深度和广度都应适度，以避免喧宾夺主。

（四）启发性

成功的导学案不仅要满足学生掌握课内知识，更要使他们将所学知识运用于课外，用于实践，用于创造。这就要求导学案具有启发性。

下面是《我最好的老师》导学案的知识链接，要求学生读后交流体会。

---

① 徐世贵,刘天成,秦辉.名师备课与课堂有效性(中学版)[M].重庆:重庆大学出版社,2011:238-239.

导学案例

嗅 苹 果①

学生们向苏格拉底请教：怎样才能坚持真理？

笑容可掬的苏格拉底让大家坐下来，随后取出一个苹果。他用手捏着，慢慢地从每一位同学的座位旁边走过，一边走一边说："请同学们集中精力，注意嗅一嗅空气中的气味。"然后，他回到讲台上，把苹果举起来左右晃了晃，问："哪位同学闻到了苹果的气味？"

有一位同学举手回答："我闻到了，是香味！"

苏格拉底再次走下讲台，举着苹果，慢慢地从每一个学生的座位旁边走过，边走边叮嘱："请同学们务必集中注意力，仔细嗅一嗅空气中的气味。"

稍停，苏格拉底第三次从讲台走到学生们中间，让每个学生再嗅一嗅苹果的气味。

经过第三次的"嗅一嗅"之后，除了一个学生外，其他学生都举起了手，都说闻到了苹果的香味。

那位没举手的学生环顾周围看了看，觉得一定是自己错了，于是也随波逐流地赶紧举起了手。苏格拉底脸上的笑容不见了。他举起苹果缓缓地说："非常遗憾，这是一枚假苹果，什么味儿都没有。"

学生通过阅读这份材料，不仅能够更好地理解《我最好的老师》一课的内容与思想，并更加敬慕怀特森先生这位最好的老师，这有助于培养学生"不迷信书本、不迷信权威的科学态度"。这就是知识链接的启发性特点。

五、自主学习

学生是教育的对象，更是学习的主体。教师不能代替学生学习，只能创设情境、提供环境帮助学生自己观察、自己感受、自己思考、自己概括、自己体验。

导学案的精髓是使学生学会学习、主动学习、积极学习、终身学习，在

---

① 徐世贵，刘天成，秦辉.名师备课与课堂有效性(中学版)[M].重庆:重庆大学出版社,2011:244.

导学案中要做到"七放手",即新知识放手让学生主动探索,课本放手让学生阅读,重点、难点和疑点放手让学生议论,提出的问题放手让学生思考解答,结论或中心思想等放手让学生概括,规律放手让学生寻找,知识结构放手让学生构建。学生主动参与,不仅活跃了课堂气氛,而且让学生通过参与教学过程,积极主动地去感受和获取知识,锻炼技能,使自己的素质得到全面发展和提高。[1]

如何在导学案中体现自主学习?第一,培养学生的独创性,这是学生独立自主学习的基本条件;第二,鼓励学生主动参加合作学习,集众人之长必有所得,这比单独又封闭的学习更有效果;第三,指导学生学习方法和思维方法,帮助学生发现知识间的联系,拓宽学生思考问题的角度,培养学生良好的学习习惯;第四,发现与发展学生的特长与天赋,教师的角色就是"伯乐",要善于发现学生的优点;第五,消除后进生观念,培养学生的自信心;第六,教学中渗透情感因素。学生有所感、有所思、有所悟,才是学习的真正意义所在。教师的教学应该注重启发学生的情感,让学生除了获得理性的知识材料外,还收获丰富的情感体验。

六、合作探究

合作探究是指两人或两人以上通过互动探索,收获知识的途径以及手段,是合作学习的有效途径之一。

从学习的组织形式上看,合作探究可分为二人合作探究以及多人合作探究两大类。二人合作探究是在两个活动对象之间展开的合作交流,一般形式是"一对一帮助"或者"同桌共进"等限于两人之间的小型探究活动。而多人合作探究的范围则十分广泛,从少数几个学生之间成立合作探究小组到整个班集体甚至全校师生活动等,都可以看作合作探究的形式。导学案应成为促进合作探究的工具,这主要体现为教师把自主权交还给学生,让学生尝试"当家做主"的感觉,并主动创做出属于自己的学习材料。

---

[1] 唐晓杰.课堂教学与学习成效评价[M].南宁:广西教育出版社,2000:26.

七、测评反馈

测评包括测量与评价，测量是指按照一定的法则，用数字方法对事物的属性进行描写的过程。而评价是指依照一定的标准，对事物作出价值判断的过程。① 评价的过程是一个对评价对象的判断过程，是一个综合计算、观察和咨询等方法的复合分析过程。

（一）日常测验

日常测验包括作业评改、单元测试等了解学生学习进度的纸质材料。比如《桂林山水》这一课，一位教师这样引导学生设计测评反馈：

"读懂了这篇课文，老师想请你们当一次小能手，为自己设计一个能充分展示自己才艺特长的作业并完成它，时间为三天。"三天后，学生做了丰富多彩的作业展示，有的在作业本上用硬笔书法认真抄写了这篇课文的生字、生词；有的用五彩的笔绘画出了桂林山水的瑰丽景色；有的交了一盘磁带，里面录了学生自己的配乐朗诵；有的则从家里找来在桂林拍摄的照片来讲述自己游桂林的美好旅程；有的将优美、生动的词句收集在自己的摘录本上，熟读成诵；有的作了小诗来赞美桂林的奇、秀、险，水的静、清、绿……这些充满个性创作的作业形式和内容大大丰富了学生的学习生活，增添了无穷的乐趣。②

教师通过日常测试，可以动态地了解学生的学习情况，及时作出个别导学调整，有利于推动学生的学习进程。

（二）自我评价

学生的自我评价实际上就是一种自我教育、自我检讨、自我促进的过程。在学生缺乏自我评价的方法或者不自觉时，教师的责任就是帮助学生建立自我评价的模式，养成自我反思的习惯。

在《有趣的吊饰》一课中，一位老师通过巧妙的引导，让学生自觉进行自我评价，达成了"设计、应用"的目标。上课一开始，老师就直接提出问题："请表演一下你的剪纸艺术，用什么方法最快地剪出两个以上相同的物象或几何图形。"

① 皮连生.教学设计[M].2版.北京:高等教育出版社,2009:288.
② 张海晨,李炳亭.高效课堂导学案设计[M].济南:山东文艺出版社,2010:226-227.

老师刚说完，学生马上就拿起桌面上的纸动手剪，课堂气氛即时活跃起来。有的学生先剪出一个图形，然后在另一张纸上印出图形再剪；有的学生先把纸对折两次，然后再剪。等学生剪完，老师就接着说："认为自己的图形剪得好的，请为自己添加一颗星。"于是每个学生都在自己的容器内添加了一颗星。从学生们的脸上可以看出，他们对自己所剪的图形都很满意，对自己很有信心。①

自我评价可以通过自我检测获得学习反馈，提高学习效果的准确度。自我评价的方式是开放而多样的，包括语言评价、评价表记录、动手操作等不同方式，能够激发学生自我评价的积极性，增加学生展示的机会，有利于学生提高自我评价能力，审视自己的学习情况及达标情况，促进学习能力的不断提高。

（三）他人评价

这是一种以"对学"方式为主的评价方式，通过学生之间相互检查，可以查看各自学习方法的缺陷以及知识点的缺漏。一般是课后或者是在小组交流讨论的时候针对某个命题而展开相互检查的一种评价方式。

八、课后反思

课后反思是教师在课后给学生的学习进行反馈，以及对整体教学效果进行检讨，是促进教学的一种方式。教师通过课后反思，发现教学的不足，了解学生的学习情况，促使教学获得进一步的提高。导学案的课后反思除了教师对学生学习情况的反馈，以及对自己教学行为的检讨外，更要突出学生的自我评价与反思。导学案是引导学生学习的方案，教师要帮助学生客观科学地评价自己的学习情况，肯定学习优点，指出学习不足，为日后的学习打下良好的基础。

课后反思是教师认识自己的教、学生认识自己的学的一种工具。首先，它指导学生有目的、有计划、有效率地学会学习。一个人不可能天生就懂得高效学习的方式，需要借助一定的方法，不断地反思自己的学习行为。学生

---

① 冯耀堂.课堂中应重视学生的自我评价：美术课《有趣的吊饰》案例评析[EB/OL].[2010-12-12]. http://blog. sina. com. cn/s/blog_69eabb920100lc4s. html.

通过这些导学案的"捷径"来加强自己学习的规划，力求使学习达到事半功倍的效果。其次，它帮助学生对所学知识查漏补缺。学习有计划并不代表学习效果就能最优化，更重要的是懂得对所学知识查漏补缺，把知识串联成网络。最后，它有助于提高教师的专业素质。课后反思需要教育理论来支撑，这对教师的专业知识与素质是一个挑战。

第三节　课堂导学案编制的流程

导学案编制的优劣直接影响学生学习的质量，导学案编制只有遵循科学的流程，才能确保导学的有效性。导学案编制的流程一般包括主备人"个备"、学科组"群议"、主备人修订、各教师"个备"、上课后修订等环节。教师的严格把关和学生的共同参与，保证了导学案编制流程的有效性与科学化。

一、主备人"个备"

主备人一般由学科备课组长在学期初根据教学进度以及教学内容进行明确分工，并通过民主选拔或者内部调整来确定。一位或者多位由学科小组选拔出来的主备人需要提前明确备课内容，充分研究课程标准、教学目标、课时安排、教学材料及其他相关资料等，以圆满完成导学案编制的准备工作。简而言之，就是主备人经过个人准备与研究，编制出导学案的"初案"，为之后的群议提供基础性材料。

主备人"个备"的主要作用是为导学案的编制定向，使导学案中的各个环节有初步的设想与依据。这就具有大纲化、指示性、简单化等特点。

（一）大纲化

主备人在"个备"中要有导学案的学习目标设置、重难点的预设、学法的初步制订、测量反馈途径的设计等基本内容，使导学案的初步轮廓得以呈现。主备人作为备课的负责人，具有编制导学案的指导权与控制权。因此，主备人的"个备"事实上就是为导学案设置大纲，形成具有决定意义的"初案"。

（二）指示性

主备人是学科小组选拔出来的负责人，有责任和义务严格依据学科性质以及课程标准落实"个备"。因此，在专业知识指导方面，主备人的"个备"必须做到严谨、科学。学科性质和学生的学习需要要求主备人的"个备"具有明确的指示性，对之后的"细化学案"要有指南作用。

（三）简单化

个人的力量毕竟单薄，再加上知识的欠缺、对学科性质认识不足或对学生学习情况了解不够等因素，主备人的"个备"容易存在简单化的缺点。"初案"往往"求全"而难"求细"，仅仅提供整个导学案的"根"，而"枝繁叶茂"则需要集众人之力了。

二、学科组"群议"

学科组的"群议"是集体备课的表现，也是集集体智慧备课的过程。主备人的"个备"作为"初案"分发到每一位教师手上，然后学科组根据此案进行讨论分析。讨论分析内容包括：导学案的知识点是否齐全，学习方法是否符合实际需要，习题安排是否合理有效等。"群议"是对已有的"初案"进行完善的过程。这是导学案能否行之有效的关键，因此绝不能流于形式。

通过学科组的"群议"，集众人之长于一身的导学案更符合学生学习的规律，更科学、合理。"群议"主要是针对某一具体导学环节进行讨论，提出建议与意见，使导学案趋于完善。"群议"一般先由主备人说课，包括教学目标、重点难点内容以及确立依据，突破重点难点的策略，课堂活动准备，师生互动方法，课堂例题和练习题的设计及其理论依据。在此基础上大家各抒己见，充分讨论，并提出自己的改进意见，确立一个最优的教学思路，形成"共享导学案"。[①]

（一）明确任务，合理分工

教研组每周召开本学科教师会，主要是明确下周的教学进度及任务，结合教学内容的难易程度，根据任课教师的专业水平及教学经验，合理分配导学案编写任务，并提出相应的编写要求及完成草案的时间。要求教师认真研究下周教材内容、课表要求，把握重点难点知识的停靠点、训练点、能力增长点、思维激发点，力求通过导学案编写使教材内容问题化、学生学习程序

---

① 孙安玉.对"导学案教学设计及使用"的一点思考[J].中学数学研究，2012(3):12.

化、能力形成过程化。

（二）交流探讨，修订改进

每周常规教研时，教研组长组织教师对教师编写的导学案草案进行研讨。导学案编写教师先从导学案的各环节设计及操作方法说明编写意图，其他教师积极参与讨论，发表见解，对导学案环节及操作中可能出现的问题提出改进建议。

（三）结合学情，形成特色

通过讨论研究，教师根据修订的导学案，结合本班的学情，特别是针对不同层次学生的学习要求，发挥主观能动性进行二次修订，对导学案进行必要的补充、完善，形成适合本班学生的具有特色的导学案。①

三、主备人修订

学科组的"群议"是逐步完善导学案细节的过程。主备人根据学科组的讨论结果，认真记录在案，选择最优化方案进行修改，这就是主备人修订学案的基本任务。

主备人对导学案的修订就是指集合各位教师对导学案的意见及建议，对导学案进行修改，最后重新检查订正、查漏补缺。主备人的修订主要针对教学流程的实施、学法的合理运用、习题的把握、学生学习水平的掌握等方面，对之前的"初案"作进一步修改完善。导学案通过这一整理过程，被"历练"成一份较为科学的教学材料。

四、各教师"个备"

学生是学习的主体，是所有教育者所编写导学案的使用对象，也就是导学案的直接内化主体。因此，无论多么完美的导学案，在实施之前都必须经过学生的阅读与体验。各教师拿到"共享导学案"后，应该进行个性化处理，否则很容易"消化不良"。

（一）切忌生搬硬套，直接使用

"共享导学案"虽然是同一学科组教师集体智慧的结晶，但由于每个班级

---

① 姚瑞勇.立足学生发展提升学案编写水平[J].教育理论与实践,2013(5):5-7.

班情不同，各具特点，"共享导学案"不能顾及所有具体班级的具体情况，这就要求教师对"共享导学案"采取"拿来主义"，视需要而定，为我所用。

（二）立足学生情况，个性改编

每一个学生都有其独特性，学习情况不尽相同，面对标准划一但缺乏灵活性的"共享导学案"，任课教师要有计划、有目的地针对学生的学习情况对导学案进行个性化修改，使其变成适合授课班级的最优导学案。

（三）听取学生意见，尊重需要

学生既是学习的主体，也是导学案的"实验者"，因此，听取学生对导学案的意见也是各教师"个备"的关键。通过发放学前导学案，学生对即将要学习的内容有了初步的认知，在心中形成了具体学习的方法。教师可以组织全班讨论，共同完善将要正式使用的导学案。

五、上课后修订

上课后修订是课后反思的一种具体形式，有利于教师掌握学生的学习状况，及时调整后续的导学案，并进一步完善教学计划。这种修订有以下几种具体形式。

（一）授课教师个人反思修订

教师作为课堂的主导以及导学案的主备者，在课后应该对自己的授课流程以及学生学习效果进行回顾与反思。这就要求教师除了反思自身的专业技能，得出改良方案外，更重要的是了解学生的学习情况，及时改正导学案。导学案的改正分为两步，一是修改已经上完课的导学案，总结经验教训，改正不足之处，以便日后给予学生二次自学的机会；二是根据学生学习的进度，及时调整后续的导学案，将学生已经了解的知识简化处理，针对学生仍然存在疑问的知识点着重讲授。

（二）师生共同讨论参与修订

课堂是属于师生双方的，在课后对导学案进行修订是师生共同的任务。学生应针对导学案在课堂上的实施向教师提出自己的想法，以使自己的学习更加深入。而教师则要认真听取学生的建设性意见，让导学案更加合理。这个过程不但能使导学案趋于完善，还可以锻炼学生思维，促使其思考如何才能更好、更有效率地学习。

（三）学科组教师课后评价修订

学科组的教师作为旁听者有更多的机会从客观的角度对导学案的实施进行观察。因此，教师在上课后可以组织简单而深入的学科小组讨论。这样的讨论除了能帮助执教者认清自己所编制的导学案的不足外，还能共勉成长，利人利己。

第四节　实战案例：如何进行课堂导学案编制

一、实战案例

三角形的分类①

学习目标

1. 会根据三角形角、边的特点给三角形分类，认识各种三角形。

2. 通过动手操作、分析思考，感悟分类、抽象概念的数学思想。

学习重点

感受分类思想，学会从不同角度进行分类。

学习难点

找出三角形角与边的特点。

学习过程

（一）自主学习（约 8 分钟）

1. 目标：复习三角形的基本知识，预习三角形的分类。

2. 要求：经过课前预习，有些知识已经明白，还有些知识存在问题，学生带着问题进入课堂。

3. 练习：

(1) 我们已经认识了角，看一看下面的角，你能说出它们的名字吗？

---

① 佚名. 数学导学案模式及案例 [EB/OL]. [2013-10-12]. http://wenku. baidu. com/view/afa83a0852ea551810a687b9. html.

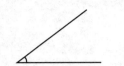

（2）三角形是由（　　　　　）围成的图形，三角形有（　　　）条边，（　　　）个角，（　　　）个顶点。

（3）课前预习：请认真预习课本 83～84 页的内容。

通过预习，我知道了：_____

（二）合作探究（约 15 分钟）

1. 目标

（1）经过合作探究，明确三角形分类标准。

（2）通过探究，提高自己的探究能力、与他人合作能力及语言表达能力。

2. 要求

（1）拿出准备好的学具，先观察并想一想应该按什么标准给三角形进行分类。

（2）小组确定分类标准。小组长进行任务分工后，共同对三角形进行分类。

（3）每位同学先说一说自己的分类标准。（小组内从 1 号开始按顺时针顺序发言）

（4）把分类结果粘贴在 A4 纸上。

3. 汇报（教师随机确定）

汇报顺序：我们是按什么标准进行分类的？把它们分成了几类？每类三角形有什么特点？

（三）精讲点拨（约 5 分钟）

针对疑难问题教师精讲分析。

（四）达标检测（10 分钟）

1. 目标

应用所学知识解决实际问题。

2. 要求

（1）独立完成。

（2）组内讨论交流。

（3）随机抽取2～3组班内展示。

（4）教师精讲点拨。

3．达标练习

（1）从学具中找到一个等腰三角形和一个等边三角形。仔细观察，它们除了边的特点，还藏着什么秘密？想办法验证你的发现。

我发现等腰三角形（　　　　　　　　　），等边三角形（　　　　　　　　　）。

（2）请你把下面的三角形分分类。仔细观察，你发现了什么？

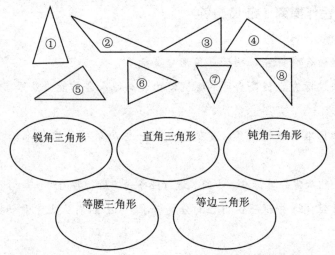

（3）剪一剪。拿出一张长方形纸片剪一剪，看谁剪出的三角形样式多。同桌互相欣赏对方的作品，并介绍自己剪出的三角形。

（4）拼一拼。利用上课时剪出的各种各样的三角形，拼一幅美丽的画。给作品起一个名字，下节课向全班同学介绍你的作品。（这个环节课内没时间的话，可留作课后作业）

（五）课后反思（约2分钟）

二、实战经验

这是一份小学数学的导学案。在学习目标、学习方法、合作探究、知识链接、测评反馈等方面，导学案都作了具体的编制，体现了导学案的完整性与有效性。

（一）学习目标清晰，预设要点精准

学习目标是开展一切教学活动的导向，也是导学案编制的第一步。《三角形的分类》导学案的学习目标明确清晰，为整个学习活动进行了定向。学生根据学习目标，了解自己需要完成的任务，使学习具有很强的目的性，有效避免了学习误区。导学案根据三角形的特点来引导学生认识三角形的分类，由形象思维向抽象思维转化，体现学习目标的科学性与合理性。

《三角形的分类》重点是学生能对三角形进行初步分类，难点是动手操作体验三角形的特点，这些在导学案中都得到很好体现，较好地显示了导学案的严谨性与科学化。

（二）自主合作探究，练习补充合理

《三角形的分类》复习导入是一个思考总结的过程，它首先让学生在脑海中对三角形形成认知，然后让学生动手给三角形进行分类。导学案的练习设置合理科学，既不会让学生产生繁重感，又起到了提高学习兴趣的作用。

（三）达标测试细致，锻炼动手能力

达标测试是一种评价学习的手段，是课堂测量评价的体现。这种测评方法能让教师及时了解学生的学习情况，为之后的导学提供依据。同时，它是学生自我测评的方式。学生通过课堂测试进行自我了解，以及时调整学习方式。《三角形的分类》测评手法以动手操作为主，既能巩固新知，又能达到评价的作用。

三、实战策略

（一）复习导学，温故知新

导学案有很多种导入方法，复习导入属于较为常用的一种。知识是一个网络，知识点与知识点之间存在千丝万缕的联系。在"织网"的过程中，我们不能把各个知识点孤立开来，这就需要复习旧识、预习新知。

复习导学需要教师把握知识结构，熟知学生学习情况。复习引导的过程，也是学生从低到高、步步推进的过程。给学生"金子"，不如教他们"点金术"。教师应该引导学生形成自己的知识网络，并让他们学会建构知识，获得学习能力。

（二）合作探究，个性设计

导学案的形成是一个复杂的过程，这不但是各个教师的心血，也是师生共同创作的结晶。从主备人的"个备"到各位教师根据实际教学情况进行的"个备"，导学案都讲究合作，集众人之长。合作探究是一个备课教师与学生共同参与、共同成长、共同收获的过程。参与者为了创做出一份完美的导学案而尽心竭力、探讨发现，这是大家共同努力的成果。

个性设计则是指根据具体的学习环境对已有的导学案进行修改完善，这主要是授课教师根据学生的实际情况，包括学习程度、学习资源及学习行为习惯来修改学习方案，使之更符合学习的情况，以获得最好的学习效果。

（三）自主学习，注重点拨

教学的最终目的是让学生学会学习。导学案作为一种新型的自主学习指南，更应注重点拨。点拨是指点或启发，导学案的点拨，是指点、启发学生自主探究学习、自主收集材料、自主参与活动等。教师作为导学主导者，应该旁敲侧击，避免灌输，以促使学生恍然大悟。

第七章

课堂导学的网络实践

课堂导学的网络实践，实质是建构主义学习理论在网络环境下指导学习的体现。这主要表现为，学生通过教师精心设计的学习任务，有组织、有计划地利用信息技术和网络资源构建知识意义。学生通过学习活动，学会创造性地解决问题，并在学习中形成分析问题和解决问题的能力。

第一节　基于 Moodle 的项目学习导学

一、基于 Moodle 的项目学习导学的内涵

（一）关于 Moodle

Moodle 的创建者 Martin Dougiamas 研发 Moodle 的教学思想之一，是强调学习的自我建构功能，同时体现了以下两个显著特点：一是以模块化的形式面向学生，为学生提供动态的学习环境；二是学生想起什么就可以做什么，自由地发挥想象力和创造力。[①] 我们主要从三方面构建基于 Moodle 的项目学习的导学模式：活动流程、协作交流和学习项目，如图 7-1 所示。

---

① 王铁云.基于 Moodle 的优化大学物理实验教学的探究[J].中国电化教育,2008(5):82-84.

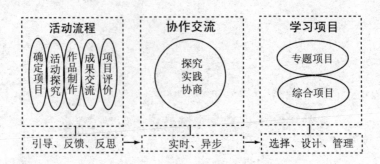

图 7-1　基于 Moodle 的项目学习的导学模式

Moodle 与项目学习整合，它的最大价值就是让学生在实践性学习过程中内化知识，以培养实践能力和创新精神为最高目标。

（二）关于项目学习

项目学习，是指学生通过完成与真实生活密切相关的项目进行学习，是一种充分选择和利用最优化的学习资源，在实践体验、内化吸收、探索创新中获得较为完整而具体的知识，形成专门的技能并获得发展的实践活动。[①] Moodle 是 Modular Object-Oriented Dynamic Learning Environment 的缩写，意即模块化面向对象的动态学习环境，是一个开放的、基于建构主义教育理论而开发的信息化的教学管理平台，它不仅为项目学习提供了一个新的工具，也为导学提供了一种新的模式。

（三）基于 Moodle 的项目学习导学

基于 Moodle 的项目学习导学，是指学习者利用 Moodle 平台，在教学过程中创设一种类似于科学研究的情境和途径，在一系列的学习活动中让学生主动探究、发现和体验，促进学生通过应用知识完成知识内化，形成一定实践能力，并在一定时间内解决一系列相互关联着的问题的一种新型的研究性学习模式。

二、基于 Moodle 的项目学习导学的实施

（一）实施步骤

基于 Moodle 的项目学习导学的实施，一般由"项目背景—项目任务—活

---

① 巴克教育研究所.项目学习教师指南[M].北京:教育科学出版社,2008:4-6.

动探究—作品制作—成果交流—项目评价"六个环节构成。① 其中，项目背景、项目评价的组织实施由教师起主导作用；作品制作、成果交流、活动探究环节中的问题解决由学生发挥认知主体作用；项目任务则为学生进行项目学习的主线。其实施步骤如图 7-2 所示。

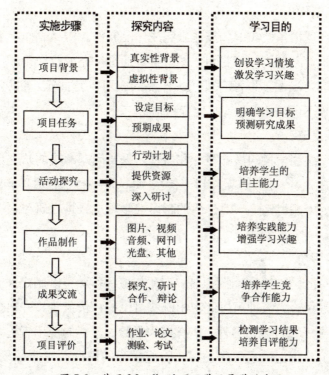

图 7-2　基于 Moodle 的项目学习导学的实施

1. 项目背景

项目的选择要根据学习者的学习需求和特征。师生的教与学要围绕项目的实施展开，并提供相关的学习背景资料。

2. 项目任务

项目确定后，根据学习目标确定项目任务、基于问题设计任务是整个项目中至关重要的一环。任务设计要紧扣项目的学习目标，具有一定的挑战性，这样才有利于培养学生的创新思维。

---

① 孔凡士，刘秀敏. 基于 VCT 的项目学习构建策略探究[J]. 现代教育技术，2009(9)：37-39.

3. 活动探究

根据项目学习计划，小组成员采用多种活动方式，如文献检索、协作学习等对项目内容进行分析研究，通过提出假设、验证假设形成初步的项目活动成果。

4. 作品制作

学生综合运用各种知识和技能来完成作品制作。作品制作在活动探究期间就可以开始，之前制作好栏目、图景等，通过扩充或改换标题，录入搜集来的相关内容，最后加以润色即可。作品形式可以是文本，也可以是图片、视频、音频，还可以是光盘或其他音像制品。

5. 成果交流

项目学习关注学科的核心概念和原理，以及问题解决的研究活动过程和活动成果。在此，学生的作品可以上传至 Moodle 平台，利用其丰富的交流功能，如论坛、专题讨论等，对学生的阶段性学习成果进行研讨，以进一步促进知识内化。

6. 项目评价

Moodle 提供了完整的评价系统：对于作业评价，可以制定评价量规或等级；对于专题讨论，教师可以制定出一些讨论的评价量规，并根据评价量规对学生的讨论表现打分；另外，还有在线测验、全程的使用者追踪记录（日志）等功能。日志记录了学生在每一阶段学习的情况，包括在线学习情况、作业提交等。Moodle 能够根据教学设计的需求提供过程性评价、总结性评价以及教师评价、同伴互评等。

（二）实施案例

《水浒传》欣赏①

1. 项目背景

"中国小说欣赏"（人教版高中语文）共有九个项目学习主题，分别是"历史与英雄"、"谈神说鬼寄幽怀"、"人情与世态"、"从士林到官场"、"家族

---

① 王林发.基于 Moodle 的"中国小说欣赏"项目学习实践与探索[J].中国电化教育,2010(12):82-86.本文略有删改。

的记忆"、"女性的声音"、"情系乡土"、"人在都市"和"烽火岁月"。教师运用 Moodle 的异质分组功能，按学生选择的项目学习主题以及学生的个性特征，以每组 6～10 人为宜，将学生分组，一个项目学习主题建立一组。小组成员的探究、教师对各组的促进过程都需要发挥 Moodle 的强大讨论功能。通过 Moodle 提供的聊天室、讨论区、Wiki 等工具，师生、生生可以展开各种讨论与协作。术语表、投票等工具也为小组的讨论与协作提供方便快捷的支持。

《水浒传》是"中国小说欣赏"这门选修课"历史与英雄"主题中的一课。《水浒传》是以北宋末年史书记载的宋江起义作为主要依据，结合民间传统的戏曲、话本中有关故事加工创作而成的历史小说。在《水浒传》的主题研究中，目前还存在着不少争议，主要的观点有三种：一是认为歌颂的是"侠义"说，二是认为写的是"农民起义"说，三是认为表现的是"为市井细民写心"说。"历史与英雄"项目学习小组的任务就是对《水浒传》的"侠义"进行研究。

2. 项目任务

（1）项目学习名称

《水浒传》的"侠义"。

（2）项目学习目标

除利用教师在 Moodle 知识管理系统提供的学习资源外，学生还可以通过更改模板，修改搜索资料时每页显示的条目数、排序的方式等，实现多样的排序功能和强大的搜索功能，必要时通过 BBS、聊天室、Blog、Wiki、E-mail 等向教师或同学求助，了解《水浒传》的作者经历、时代背景、创作动机及作品的社会影响等，用于分析和理解作品的主题。

（3）学习预期成果

研究具体可包括《水浒传》的人才竞争研究、《水浒传》的"英雄"研究和《水浒传》的"招安"研究。成果形式可以是小型学术论文、鉴赏评论文字，也可以是读后感、随想等。

3. 活动探究

（1）行动计划

每个小组制订详细的行动计划，主要包括主题项目的时间计划和活动设计。在时间方面，《水浒传》的"侠义"研究要求用 8 个课时，前 2 个课时用于搜集资料，中间 4 个课时用于探究和撰写，后 2 个课时用于作品展示和交流；在活动方面，首先了解关于《水浒传》的相关知识，如作者经历、创作背景；继而分析、研究《水浒传》的主题，并撰写学习报告；最后用相关文献资料来证明、验证观点。

在 Moodle 中，设计行动计划这一环节，是在课程中通过添加 Wiki 活动，让学生以组为单位进行讨论完成。在小组中，每个人都可以发表自己的观点，修改组内制订的方案。在这里要特别注意建立 Wiki 活动时将类型设定为"小组"，将小组模式修改为"分隔小组"，以保证学生可以以组为单位进行探究。

（2）提供资源

Moodle 资源模块支持显示任何电子文档、Word、PPT、Flash、视频和音频等。教师根据每组学生的项目计划使用资源模块建立学习资源库，及时在资源库中提供资源下载、网址导航、在线阅读等，作为课堂讲授、案例阅读和资料搜集的支持材料。资源包括在线阅读文本和研究资料汇编。除了教师提供资料外，更多的学习资源需要学生进行搜集。

（3）深入研讨

确定学习主题是探究成败的关键。比如为什么说《水浒传》并不是一般的英雄传奇，而是以传统的"侠义"形式和手法来表现作者长期郁积于心的"感时政衰败"之情以及对当时社会的抗争？教师可以通过 Moodle 学习管理系统提供的讨论区与学生进行商讨与互动。对于学生来说，可以自由地选择合适的教师，申请该教师成为自己的课题导师。这样，通过学习资源、BBS、互动评价、聊天室、Blog、Wiki、E-mail 等方式即可实现深入研究。[1] 教师要在课程平台上添加"作业"模块，要求每组定期向教师提交一份活动情况的作业，便于教师了解学生探究活动的进展。

4. 作品制作

经过一系列的讨论与探究，学生得出了比较成熟的结论。每组学生要将探究活动中学到的知识技能和探究结论制作成作品（格式可以是电子文档、PPT，也可以是视频、音频等），并以作业的形式上传到 Moodle 学习管理系

统上，向全班同学展示。如果学生的作品比较出众，教师可以帮助他们修改，并推荐到相关报刊发表。这样既能增进学术繁荣，又能让学生真正走进现实的科学研究。

5. 成果交流

作品欣赏任务完成了，并不意味着解决了所有的问题。Moodle 可以提供一个面向对象（SOA）的空间，包括 BBS、互动评价、聊天室、Blog、Wiki等，学生通过 Moodle 这些功能发表自己的见解，并从不同的角度审视别人的观点。个人见解与他人观点相互碰撞，可以使学生重新思考和审视自己的研究，修正论据并展开新的研究，可以产生更为成熟的结论。教师除了参加讨论外，还要加以适当的调控，以使讨论能够顺利进行。

6. 项目评价

Moodle 支持学习记录的跟踪，教师可以查看任何学生的学习报告，包括访问课程的次数、时间、场所，以及学生参与某个教学模块的学习情况。报告可以以图表的形式动态生成，同时也支持下载。教师通过 Excel 等其他工具对下载数据进行深入分析，对学生的项目学习进行过程性评价。[①] 综合考虑Moodle 的评价特点和项目学习的教学内容，我们对《水浒传》的研究主要采用过程性评价，根据主题内容权重（对任务所列问题的回答占 30%＋提交的作品占 40%＋在探究过程中搜集到的资料质量占 30%），将最后综合（Moodle 自动汇总）的评分计入总分。

（三）学习成果

学生的文学欣赏水平有了明显提高。学生研究《水浒传》的部分作品被收录入《时代的印记》（南京大学出版社）一书。有专家指出，这些项目学习成果，由于是学生自选自编的，因而和学生很"贴心"，成为他们作文和课外阅读的最佳范本，有效促进了学生语文综合能力的发展。学习成果反映了学生的学习过程和学习结果，体现了教师教学活动的创新，同时有利于学生综合实践能力、创新思维的培养。

---

① 刘荣光,黎加厚.基于魔灯(Moodle)的研究性学习模式初探[J].远程教育杂志,2007(3):4-6.

三、基于 Moodle 的项目学习导学的意义

（一）为个性化学习提供平台

Moodle 为个性化学习提供平台。它通过列表形式，把项目学习的一系列活动过程呈现给学生，学生根据提供的资源可以自由选择自己感兴趣的话题，进行自主学习。例如，学生用审美的态度来研读文学名著《水浒传》，把它当作研究人生、研究社会的案例。学生在研究过程中发现"梁山好汉"究竟是"英雄"还是"暴民"的问题，并以此为契机，从中获得"《水浒传》的'侠义'"研究这一学习项目。在探究过程中，自己的学习成果得到个性化的表达与交流，知识得到有效内化，能力也得到了有效提高。

（二）为协作性学习提供平台

Moodle 为协作性学习提供平台。学习者通过 Moodle 社区，与其他同学和教师通过 QQ、Wiki、BBS 等形成网络学习共同体，从而进行密切的协作学习。比如，教师要求学生运用"知人论世"方法分析《水浒传》的主题思想，利用 BBS 组建了一个学习群，所有学生一边搜索网络资料，一边参与群讨论，大家畅所欲言，欣赏小说的规律与技法这种带有普遍性的能力就是在这种状态中获得的，学习效果很好。

（三）为自我能力构建提供平台

Moodle 为自我能力构建提供平台。它通过兼容的 Wiki 写作系统，不仅为学生和教师记录、评价学习过程与效果提供了有效依据，而且使学生有更多机会对比自己原始写作的版本和同伴修改后的版本，并在此基础上进一步修改，使文章获得"升格"。比如，我们把"中国小说欣赏"项目学习分为三个阶段：第一阶段要求学生创建个人"小说欣赏"专栏，把欣赏小说的文章发布到相应栏目；第二阶段由学生组成编辑小组，将专栏上的小说欣赏文章荟萃到"电子网刊"；第三阶段由学生组成编委会，按图书出版的标准精选作品编辑成书，交给出版社出版。这些活动主要通过协作式写作系统由学生完成，使学生"在做中学"，这种"问题就是解决"的基于 Moodle 的项目学习是对过去灌输式教学的一个重大改革。

现代教育技术环境下的教育，我们缺少的不是教学工具，而是如何有效利用教学工具。Moodle 并不能改变作为教学工具的性质，但 Moodle 作为教

学工具不仅仅是媒介的变化，更是观念、文化和心理的变化。对于教学而言，Moodle 不仅是教学模式的变化，更重要的是教学理念的变革。

第二节　基于 Wiki 的反思学习导学

一、基于 Wiki 的反思学习导学的内涵

（一）关于 Wiki

Wiki 指一种超文本系统。这种超文本系统支持面向社群的协作式交流。我们可以在 Web 的基础上对 Wiki 文本进行浏览、创建、更改。同时，Wiki 系统还支持面向社群"协商"，为反思学习提供必要帮助。Wiki 的作者既是学习者，也是协商者，以 Wiki 为平台构成一个社群，Wiki 系统为该社群提供简单的交流工具。[①] Wiki 平台可以允许多人协作参与和共同维护，每个人都可以修改网页中的内容，或者恢复修改前的网页，或者对合作完成的任务主题进行扩展或深入研讨。[②]

（二）关于反思学习

反思学习，是通过对学习活动过程的反思来进行学习。反思是对自己的思维过程、思维结果进行再认识的检验过程。它是学习中不可缺少的重要环节。当代建构主义学说认为：学习要在活动中进行建构，要求学生对自己的活动过程不断地进行反省、概括和抽象。显然，学习中的反思如同生物体消化食物和吸收养分一样，是别人无法代替的。

（三）基于 Wiki 的反思学习导学

1. 含义

基于 Wiki 的反思学习导学是指教师利用 Wiki 技术和功能，为学生构建一个新型的动态开放的、交互性的学习平台，依据教学目标与教学进程，指导学生进行协商学习和探讨研究；学生利用 Wiki 平台对自身已有的学习活动，以及活动中所涉及的学习环境、学习情感、学习信念等相关因素进行持

---

① 赖晓云.Wiki 在基于网络的研究性学习中的作用[J].现代远程教育研究，2005(6)：40-50.
② 李芃.技术思想对 E-Leaning 应用模式的影响[J].现代教育技术，2004(5)：23-25.

续不断地、批判地审视、探究和改进，力求调节并完善自身的学习，主动地获取知识、应用知识、实现知识意义建构的学习活动。

2. 特征

（1）交互模式网络化

交互性是指教师与学生之间、学生与学生之间交流的互动方式，同时也是独立性与集体性的统一。理想化的基于 Wiki 的反思学习的交互模式应该由问题系统、检索系统、知识库系统、群组系统和交流系统组成。学生通过问题系统提出问题，通过检索系统在知识库系统中查找匹配的答案，或通过群组系统提交问题，请大家共同讨论，最后通过交流系统协商完成知识的获取。

（2）解决问题激励化

基于 Wiki 的反思学习的学习成果的价值主要以分值形式体现。获得受助者的赞扬越多、获得公众的认可越多，分值就越高。学生的知识和能力可以体现价值，但不意味着一定能够获得他人的赞赏。是否获得，取决于其知识和能力的"含金量"。可以说，"含金量"越大，获得赞赏就越多。激发学生高水平思维和元认知活动，避免通过简单的信息复制和粘贴即可完成的任务是 Wiki 环境下反思学习的重要追求。

（3）探究问题群体化

反思学习一般由一人发起，多人参与，共同完成一个研究课题。但是，Wiki 的反思学习并不受限于此。随着参与者规模的扩大，专家化与群众化并存的情形会越来越多，基于 Wiki 的反思学习将从群组向群体延伸。参与者之间既分工又协作，这将提高学习者的主动性和积极性，有助于形成良好的人际关系和团队精神。

二、基于 Wiki 的反思学习导学的实施

（一）实施步骤

与一般教学模式不同，反思学习最显著的特点就是通过"头脑风暴"进行学习。基于 Wiki 的反思学习的导学，没有固定的实施流程，但其一般实施流程应包含提供问题情境、确定研讨主题、实施导学过程、修正促进发展和学习成果展示五个部分，如图 7-3 所示。

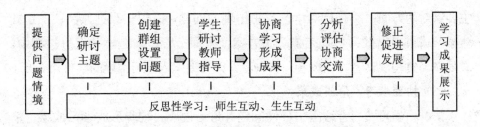

图 7-3　基于 Wiki 的反思学习导学的实施

1. 提供问题情境

学习的情境必须有利于学生对所学内容的意义建构，这就对教学设计提出了新的要求。也就是说，在建构主义学习环境中，教学实施不仅要考虑教学目标分析，还要考虑有利于学生建构意义的情境的创设，并把情境创设看作是教学实施的最重要内容之一。建构主义认为，由于计算机和网络具有超容量特征，可把不同媒体形式的各种教学内容组成一个有机的整体。这样就可以形成建构主义学习环境中理想的认知工具，能有效地促进学生的认知发展。

2. 确定研讨主题

导学过程实质上就是师生双方不断发现问题、提出问题、研究问题和解决问题的过程，学习目标一旦被确定了，整个导学就应该围绕着它来确定研讨主题。

3. 实施导学过程

（1）创建群组，设置问题

教师利用 Wiki 提供的平台创建学习群组，群组成员对自己的想法和疑惑可以畅所欲言，强调思维开放和经验分享；设置问题应具有引导性，旨在引导学生指向关键性概念，帮助学生全面思考问题，激励学生以多种观点来看待问题。[①] 如何设置问题才能调动学生的积极性？一是与学生实际活动相结合，使学生感到这些问题都是实实在在的；二是设计一些对学生来说具有研究价值的问题，如一些开放性、挑战性的问题，有助于激发学生的创造热情。

（2）学生研讨，教师指导

学生研讨遵循"确定议题—收集信息—整合资料—解决问题"的思路，

---

① 布里奇斯，海林杰. 以问题为本的学习在领导发展中的运用[M].上海:上海教育出版社,2002:44.

主要针对两方面：一是针对学习反思出现的问题，以提出改进方法；二是针对学习成果提出批评，以完善解决方案。教师指导是指在学习反思过程中，教师充当过程观察者、点拨者、咨询者，以帮助陷入学习困境的学生。

（3）**协商学习，形成成果**

第一，学习发起者给出引导性问题并进行说明，初步形成学习成果；第二，群组成员根据引导性问题，研究相关资料，参考其他成员的意见，以修改、整合方式对初步学习成果进行提升，形成基本学习成果；第三，汇总群组意见，分析、整理基本学习成果，形成最终学习成果。

（4）**分析评估，协商交流**

在 Wiki 技术的支持下，生生之间、师生之间可以方便地分析、评估学习成果。一个成员可以把其他成员的学习成果进行存储、加工、编辑、变换，以进行反刍、消化、吸收，转化为自己的东西。

4. 修正促进发展

学生之间为了达到学习目标，成员之间可以采用对话、商讨、争论等形式对问题进行充分论证，以期获得达到学习目标的最佳途径。反思学习是一个合作、讨论、协商的学习过程，让学生充分表达自己的思想，通过相互启发、思维碰撞，擦出智慧的火花，寻找尽可能多的、最优的解决问题的办法。这实际上是一个求异、求同、求优的过程，有利于培养学生的创新思维。

5. 学习成果展示

要求每个学生对问题进行分析，提出自己的观点；或者对学习过程进行评论，提出自己的意见，形成自己的最终学习成果，并在 Wiki 平台进行展示。

（二）**实施案例**

我心中的名师①

1. 学习目标分析

（1）通过 Wiki 搜索所需的探究资料，并进行分析、加工、整合。

（2）通过 Wiki 平台协商，进行反思学习。

---

① 王林发.基于 Wiki 的学习共同体构建策略研究[J].中国电化教育,2011(9):100-104.本文略有删改。

（3）通过 Wiki 发表自己的探究成果。

2. 提供问题情境

（1）学习内容：我心中的名师。

（2）学习资源：鼓励利用网络资源。

（3）学习过程：个人学习—群组研讨—成果提交—讨论反思等。

（4）学习成果：期望以"我心中的名师"的文章形式体现学习成果。

3. 确定研讨主题

（1）我心中名师的教学艺术。

（2）我心中名师的为师之道。

（3）我心中名师的生活趣事。

4. 群组协作交流

基于 Wiki 的反思学习有一个显著的特点，那就是：学习任务完成了，并不意味着解决了所有的问题。发展学生的实践能力、批判能力和创新能力，才是学习的目的。在形成初步学习成果的基础上，教师应指导学生继续反思以下问题：

（1）你如何评价自己心中的名师？

（2）名师最能打动你的是什么？

（3）名师在教学上有何独特之处？

5. 学习成果评价

Wiki 支持学习记录的跟踪，教师可以查看任何学生的学习报告，包括访问课程的次数、时间、场所以及学生参与某个教学模块的学习情况。综合考虑 Wiki 的评价特点和项目学习的教学内容，学习成果评价主要采用过程性评价，根据主题内容权重（对任务所列问题的回答占 30%＋提交的作品占 40%＋在探究过程中搜集到的资料质量占 30%），并将最后综合的评分计入总分。

6. 修正促进发展

吸取学习伙伴的反馈意见，对自己的作品进行修改。主要采用学生自我修改、相互修改、教师修改三种方式。在修改时，教师以鼓励为主，注意思维评判的延迟性，要充分肯定学生的观点，以最大限度地挖掘学生的潜力。

7. 学习成果展示

一是将有代表性的学习成果通过 Wiki 平台发表，以供全体学生交流、评论，教师对可圈可点之处给予点评；二是把达到发表水平的学习成果推荐给相关报刊发表。这些做法主要是给学生提供机会品尝自己的成果，树立信心，激发兴趣。

（三）学习反思

1. 技术路线必须清楚

基于 Wiki 的反思学习的网络资源的选择首先要考虑能否满足学习任务的需要。对于那些已经符合本学习任务要求的网络资源，可以酌情予以直接采用；对于那些尚不能适应本学习任务要求的网络资源则要加以改造；对于那些基本处于空白状态的网络资源，可以根据本学习任务需要着手开发。

2. 学法指导必须到位

网络资源的海量性给基于 Wiki 的反思学习提供了非常丰富的文献资料，但对具体学习而言，并非"来者不拒"。开展基于 Wiki 的反思学习之前，指导者应当考虑可能使用的资料，并进行比较、选择，看哪一种资料最适合，并能使学习者认同。在构建学习资源的过程中，往往会根据资源价值来进行选择，将最有价值的资源构建成层次分明的学习资源，学习者将通过这个资源来探究、学习、掌握问题规律。按价值大小划分，学习资源可依次划分为核心资源、相关资源、泛在资源。

3. 模式选择必须恰当

开展基于 Wiki 的反思学习一般采用合作学习模式。出于"群组学习，个人不责"的心理，一些学生往往敷衍塞责，对收集到的各种信息不认真评价，只是简单地复制、粘贴，结果并不能真正达到基于 Wiki 的反思学习的目的。基于 Wiki 的反思学习的教学模式应该服务于教与学的便捷需要，即可以满足教师从各个层面进行有效指导，学生从不同的角度选择学习内容，以培养学生的实践能力与创新精神为导向。

三、基于 Wiki 的反思学习导学的流程

基于 Wiki 的反思学习具有体现"以教师为主导，以学生为主体，以实践为载体，以创新为目标"的教学理念，体现了信息技术与学科课程整合的特点，为网络环境下的教学转型提供了较好的借鉴和参考。网络教学系统的研

究与开发，为基于 Wiki 的反思学习的实施提供了一个通用的、一体化的支持平台，既可以充分发挥教师的教学智慧，又能够充分利用网络资源的多元优势，使教学效率得以保证。

基于 Wiki 的反思学习强调网络资源的运用，强调学习过程的反馈，强调学习活动的研讨，强调把已知的知识材料进行重新组合，重构自己的认识和理解。根据这一特点我们提出了基于 Wiki 的反思学习导学的流程图，如图 7-4 所示。

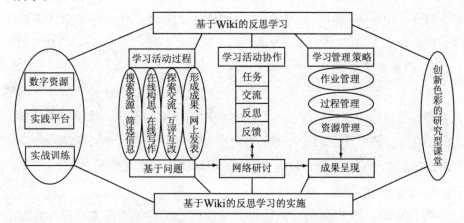

图 7-4 基于 Wiki 的反思学习导学的流程图

（一）学习活动过程设计

在 Wiki 中，教师可以通过时间线随意改动教学序列的顺序，决定让学生进行讨论或者先搜集资料。活动序列可以随意增加，当教师在教学过程中发现某处需要增加活动时，可直接增加。另外，活动时间的长短也是可以控制的。教师通过对创建的活动序列的检测，可以给学生设置一个学习的终点。

在此之前，学生若想进入其他的环节学习，必须先通过其先行序列的学习，这样就不会由于前需知识的不足而无法进行后面的学习，而且由于学员的同步，也有利于促进反思学习和经验学习。

（二）学习活动协作设计

基于 Wiki 的反思学习以学习协商为基本活动形式，其基本流程为：提出学习任务—群组成员交流—多元评价反思—教师点评反馈。

1. 提出学习任务

学习任务是指学习者在完成反思学习时要达到什么样的结果，同时指具有相关知识意义和思想方法的任务。反思学习将任务作为学习的导向，其任务设计对学习者而言，要具有渐进可导引的过程，以便达到预期目标。因此，学习任务的确定是发现和提出问题的重要前提，只有当确定的学习任务符合学生的"最近发展区"，并且在内容上具有挑战性和探索性时，学习者才能在已有的认知水平基础上，通过教师的适当引导从中发现问题，并在解决问题的过程中形成能力。Wiki 环境下，教师是学生学习活动的组织者、引导者和促进者，而学生则是一个发现者和研究者。因此，教师需要考虑探究内容、学生特征、网络资源和学习工具，从行为性、目标性、生成性的取向来提出学习任务。

2. 群组成员交流

建构主义学习观认为，学习者以自己的方式建构对事物的理解，不同的人看到的是事物的不同侧面，不存在完全相同标准的理解。教学要增进学生之间的合作交流，达到取长补短、集思广益的效果，通过学习者的合作交流可使理解更加丰富和全面，从而使问题得到解决，并实现知识的内化。

3. 多元评价反思

基于 Wiki 的反思学习的评价是开放性的，没有标准答案，只有合理答案，只要言之有理，论点得到相关资料的支持，就可以得到认可。Wiki 环境下的反思学习主张采用多元评价来考查学生的学习成果，鼓励学生。善于从别人的意见中获得启发，丰富自己的学习内容，以提高学习质量。

4. 教师点评反馈

这是学生进行反思、教师进行总结的阶段。根据建构主义的观点，教师要给学生留出讨论和应用的时间。在这一部分，教师应该鼓励学生提出一些不同的解决方法。为总结学习内容和经验，鼓励学生对教师的点评进行反馈，以拓展和推广学习成果。

（三）学习管理策略设计

基于 Wiki 的反思学习要实现知识管理、作业批改、评价反馈，加强教与学的管理，就要运用适当的管理策略，设计适合基于 Wiki 的反思学习的管理系统，并将这一系统用于教学之中。在基于 Wiki 的反思学习实践中，我们总结出了管理策略的三个环节。

1. 作业管理

主要功能是为教师对相关作业进行维护，主要体现为收集和评价，教师可以分类汇总作业，并由系统自动存档。此项管理的意义在于对学生日常学习进行检测、监督。

2. 过程管理

教师通过对学生的作业、发帖和跟帖过程进行全面追踪与监控，并在追踪与监控基础上以评价方式提出改进。过程管理的主要目的就是要重视成果与过程之间的关系，通过对学习过程的追踪与监控，确保学习目标的实现。过程管理的意义，一是保持教师和学生的多向交流正常地进行；二是教师能够及时掌握学生的认知水平、学习效果，以便得到正确的反馈信息。[①]

3. 资源管理

教师可以添加、修改、筛选、链接和删除 Wiki 中的资料。资源共享使和学习相关的学习资料得到最大的增值。

第三节　基于 Blog 的探究学习导学

一、基于 Blog 的探究学习导学的内涵

（一）关于 Blog

Blog，音译为"博客"，意译为"网络日志"，是一种通常由个人管理、不定期张贴新的文章的网站。Blog 上的文章通常根据张贴时间，以倒序方式由新到旧排列。许多 Blog 专注于在特定的课题上提供评论或新闻，其他则被作为比较个人的日记。一个典型的 Blog 结合了文字、图像、其他 Blog 或网站的链接及其他与主题相关的媒体，能够让读者以互动的方式留下意见，是许多 Blog 的要素。用 Blog 可以进行多种方式的学习，比如做学习笔记、拓展个人学习兴趣、进行学术项目研究等。[②]

---

① 赵建华,李克东.信息技术环境下基于反思性学习的教学设计[J].电化教育研究,2000(4):7-13.
② 庄秀丽.用 Blog 的方式学习[J].中国研究生,2003(5):3-5.

（二）关于探究学习

如果学生利用网络资源建构知识意义，用类似科学研究的形式，通过解决实际问题或提出解决方案，达到学习相关知识的目的，其活动就是探究学习。从工具性而言，探究学习是协作交流、理解掌握、课程管理的工具；从认知性而言，探究学习要求学生搜集信息、处理信息，学会分析、综合、评价问题。从工具性和认知性两个角度综合界定，工具性可以帮助学生知道凭借什么进行探究学习，认知性可以帮助学习者明确探究学习后达到什么目标，完成什么任务。这两种界定方式各具功能，互为补充，为学习者的探究学习提供了一个完整而清晰的思路。

（三）基于 Blog 的探究学习导学

基于 Blog 的探究学习实质是一种以 Blog 为平台的进行学术项目研究的专题探究式活动，即以 Blog 技术作为构成探究学习环境的有机因素，学生在教师指导下，以类似或模拟科学研究的方式进行的学习过程；是学生从生活和活动中选择、确定探究主题，凭借 Blog 技术获取知识、应用知识，用科学探究的方法探索问题、解决问题的实践过程。基于 Blog 的探究学习，学生将是信息加工的主体，是认知结构的主动建构者；教师则是意义建构的帮助者、引导者与促进者。学生将在教师创设的情境、协作与会话等学习环境中通过自身查询资料、搜索信息、协作学习和会话交流等主动、积极的思维行为，对当前所学的知识进行意义建构并用其所学解决实际问题。

基于 Blog 的探究学习导学实质上是建构主义学习理论在网络环境下学习的实践体现。这主要体现为，学生通过教师精心设计的学习任务，有组织、有计划地利用 Blog 技术和网络资源构建知识意义。学生通过学习活动，学会创造性地解决问题，并在学习中形成分析问题和解决问题的能力。

二、基于 Blog 的探究学习导学的实施

（一）实施步骤

1. 提出任务

教师把学习任务放在 Blog 上，学生通过 Blog 首页进入并找到这个学习任务，对此展开讨论。学生应学会观察、学会质疑，用自己的理性思维，对问题作出自己的分析，提出自己的见解，并以评论的形式在 Blog 论坛上发表。

学生可以从其他同学的意见中获得启发，进一步改进学习方法。

2. 资料研读

学生已经选择了自己感兴趣的任务，就可以用心研读相关资料了。

3. 阅读反思

阅读时把重要的信息摘录下来，比如那些可以佐证自己观点的材料，还有那些打算加以辩驳的说法。阅读时敢于质疑，用心辨识搜集得到的资料，及时记下自己思维闪动的火花，讨论时及时记下同学们的重要发言。在讨论的思维碰撞中，捕捉新的灵感。

4. 探讨交流

在完成阅读反思后，可以展开更深层次的交流，因为学生完成任务的过程和产生成果的形式都不一样，他们在 Blog 中就不同的意见或体会进行探讨，从而取长补短，进一步提高。

（二）实施案例

海底世界①

1. 探究背景

《海底世界》（人教版小学语文）是一篇介绍海底的科普知识性课文。作者通过生动形象的语言，描绘了一个"景色奇异、物产丰富"的海底世界。文章以流畅自然的语言为基调，没有华丽的词藻，不见雕琢的痕迹，但是给人亲切热情的感觉。透过作者对海底世界的描绘，我们可以感受到作者对整个自然、对生命的热爱。

2. 提出任务

（1）通过对海底的奇异景色、丰富物产的深入认识，激发学生热爱自然、探索自然的兴趣。

（2）通过对科普文章的深入研读，提高对大海的认识。

（3）借助现代信息技术查阅、分析、辨别、筛选、整理、利用信息。

3. 资料研读

（1）关于海底的核心资料（略）。

---

① 王林发.博客环境下探究学习的研究与实践[J].教育信息技术,2009(3):24-26.本文略有删改。

（2）关于海底的相关资料（略）。

（3）关于海洋的学习网站（略）。

（4）关于学习资料的搜索引擎（略）。

网络资源主要以 Blog 预制和超级链接的形式出现，Blog 资源应该具备两个因素：一是可以利用的，二是可以管理的。学生如果在探究学习中觉得资料还不够，可以试着通过百度、谷歌等搜索引擎进行搜索。

4. 阅读反思

经过分析，学生的问题基本得到了解决。经过这个阶段，就应该要求学生根据对海底的认识，参阅相关资料，写一篇关于海底的文章（可以是说明文，可以是观察报告），并发布在他（她）的 Blog 中。而在写这篇文章的过程中，学生还可以"在线求助"，教师也可以通过留言或在线给予指导。

5. 探讨交流

（1）论坛交流。通过创建论坛，让学习者进入讨论区，发表见解，进行思维碰撞。

（2）上传习作。通过发表文章，供大家阅读，让学习者以评论方式进行交流、借鉴，分享思维盛宴。

（三）学习特色

1. 丰富的资源

Blog 的链接功能为学生提供了丰富的学习资源，包括数字化图书馆、电子阅览室、网上报刊和数据库、多媒体电子书等，只要掌握了一定的信息处理技能，就可以通过网络检索机制，方便快捷地获取自己所需要的资源来进行高效的学习。基于 Blog 的《海底世界》的探究学习，改变了以往教师将现成的有限资料直接呈现给学生、学生被动接受的学习方式，使学生能利用网络按照学习"按需取用"、主动探索。学习资源选择、搜集和整合的全过程，学生都可以通过 Blog 获取。在整个学习资源筛选过程中，学生不断反省、质疑，不断取舍、整合，体现的是独立性思考、自主性发现和多层性生成。

2. 驱动的任务

教师的教学与学生的学习基于学习任务，在强烈的求知欲驱动下，通过对学习资源的积极主动应用进行自主探索，并在完成既定任务的同时又产生新的任务。基于 Blog 的《海底世界》的探究学习，是把教学内容巧妙地隐含在每个任务之中，让学生自己提出问题，并经过思考和老师的点拨，自己解决问题。就学习任务而言，任务是导引，是问题的体现；就学习内容而言，任务是要求，是认知的构建。这样，学生就能通过完成任务达到掌握所学知识的目的，提高思维能力，完成意义构建，形成新的认知结构。基于 Blog 的《海底世界》的探究学习，是确定任务、分析任务、搜集信息、分析信息、解决问题、交流成果的过程。应该说，每一个学生都能从任务驱动中获得动力、加深认知。因此，学生对学习任务的设计、编排往往充满期待，如果他们没有得到期待的东西，就会在博客上留言，引发讨论。任务驱动是基于兴趣、爱好的，基于 Blog 的《海底世界》的探究学习，教师通过创设问题情境激发学生的兴趣，以让学生产生积极探究的动力，完成学习任务。

3. 开放的课题

课题既可以是条件性开放，也可以是策略性开放；既可以是结论性开放，也可以是综合性开放。由于《海底世界》提出问题时只给出一定的情境，其条件、解题策略和结论都要求学生自行设定和寻找，问题没有固定的答案，或者没有充足的条件，这就给学生提供了思维空间，创新思维也因而获得发展的机会。可以说，《海底世界》作为探究学习的载体，它是多种学科领域知识的集中呈现。从内容来说，具有丰富性，除了自然，也有人文；从形式来说，具有多样性，既可通过文字表达，也可借助实物呈现。基于 Blog 的《海底世界》的探究学习所设置的问题没有标准答案，或者条件不完备，或者条件多余而需选择，学生在解答过程中常能打破常规，从而使潜能得到最大程度的挖掘。《海底世界》的探究学习以 Blog 为平台，以网络超时空、超链接的方式大大扩展了探究的时空和层次，学生可以用跟帖和留言的方式发表自己的意见，这使课题的开放得以实现。

（四）任务设计

基于 Blog 的探究学习的任务设计，需要考虑探究的内容、学生的特征、网络的资源和学习的工具，从行为性、目标性或生成性的取向来设计任务。

1. 预定目标

预定目标是学生希望达到的理想目标，它体现了学生探究的主观愿望。学生作为一个探究学习的主体，在任务环节，首先要考虑的问题是要达到什么目标。预先确定学习目标，学生可以从教师方面得到帮助，包括使用描述性语言，对所预定的目标有一个明确的要求，以便进行计划编制。如果目标的确定是空泛的，甚至是模糊的，那么预定的任务就很难完成。在准备阶段，学生必须对预定的学习目标有所理解，而这种理解应是具体的、准确的，不能含糊不清，要科学地体现目标的层次性和系统性。可以说，促进学生高级思维能力的发展是基于 Blog 的探究学习的预定目标。

2. 分配角色

在可行的基础上，对已经预定的学习目标，应予以实施上的规划和安排。对基于 Blog 的探究学习的角色分配，目的在于确保探究学习的实施。角色设置与分配尽管琐碎，但对于学习上的完成是十分重要的。一个合理、具体、周密的角色设置与分配，能确保学习任务顺利完成；相反，一个很粗糙的角色设置与分配，往往会使探究在实施过程中漏洞百出、十分被动，也难以实现预期的学习目标。

3. 成果展示

成果展示的主要形式包括以下几个方面：可以是小型学术论文、欣赏评论文字，也可以是读后感、随想等；将文章的提纲公布于指定论坛，讨论时一并展示；可分组汇报，各小组在论坛中发表自己小组的主要讨论结果，并以跟帖的形式回答同学、老师的提问；可撰写一份研究报告，发表于论坛。

探究学习以"探"为主体，学生是认知主体、意义建构的主动者。每个学生都有潜在的力量，基于 Blog 的探究学习中，挖掘学生的潜力、展现学生个性、发展学生所长，这是基于 Blog 的探究学习的终极目标。

第四节　实战案例：如何基于网络进行导学

一、实战案例

基于 Blog 的《心中的美景》作文教学①

（一）案例描述

《心中的美景》是人教版语文七年级下册第三单元写作"感受自然"的一道作文话题。作文要求学生感受大自然对内心的呼唤，追寻心中大自然之梦，用生动形象、有感染力的语言进行描述。基于 Blog 的作文《心中的美景》并不是听任学生漫无边际、毫无目的地在 Blog 上"灌水"，它是借助 Blog 来掌握状物写景方法的综合性学习活动。

（二）预期目标

1. 总目标

（1）以"感受自然"为写作话题，写一篇字数不等的记叙文。

（2）掌握状物写景的方法。

2. 子目标

（1）指导学生围绕"感受自然"话题以 Blog 为平台搜索写作素材。

（2）指导学生根据作文主题，利用作文素材建构意义。

（3）指导学生粘贴、链接相关资料，进行作文。

（4）能通过 Blog 提交自己的文章并对同伴文章做出评论。

（5）提高学生信息素养。

（三）导学流程

1. 确立主题、创设情境

在基于 Blog 的《心中的美景》的作文教学中，教师应该明确学生作文的内容、兴趣，并给出指导性意见。教师根据教学目标，结合所学的内容、要求确立作文的主题。作文的情境，应是基于主题的情境。传统作文教学的文

---

① 王林发.基于博客作文教学的实践与思考[J].语文教学通讯(初中 B),2008(4):48-50.本文略有删改。

本环境与生活环境常常脱节，教师可以充分利用 Blog 能够虚拟生活的特点，精心设置与主题相关的各类情境，为学生作文创设一种近似真实的学习环境，以克服传统作文教学的不足。比如对"心中美景"的分析，教师指导前上网搜集相关资料，上课伊始，利用 Blog 的传播功能，将"心中美景"的文本、图片、视频等资料链接到 Blog 上，学生点击进入，"心中美景"就形象化地呈现在他们的眼前。直观、立体、生动的"心中美景"，自然能激起他们对"心中美景"进一步探索的欲望。

2. 搜索资源、筛选信息

在确定作文主题、创设相关情境的基础上，学生就可以带着明确的目的，利用 Blog 知识管理的功能集中查找、搜集与主题相关、自己感兴趣的资源。日月经天，江河行地，春风夏雨，秋霜冬雪，学生心中的美景各异，有的是"小桥流水人家"，有的是"霜叶红于二月花"；有的对"绿杨阴里白沙堤"感兴趣，有的想进一步了解"清风半夜鸣蝉"，还有的学生积极搜集"烟花三月下扬州"的资料。由于资料来源庞杂、良莠不齐，难免与主题不尽相符。教师应引导学生比较分析、去粗取精，帮助他们将各自搜索到的学习资料加以整理、归类。信息的搜集、筛选、加工，为学生提供了丰富的素材，便于学生提炼出自己所需的题材，学生的作文速度和作文技巧也会有不同程度的提高。

3. 在线构思、在线写作

在写作前应确定写什么，从哪几个方面写，应对文章进行总体规划，结合网络提供的作文素材，进行多角度观察、理解、整合。因此，安排好全文的整体布局，可以说是作文成败的关键。如写"长河落日"，学生根据前期搜集到的有关信息，就要经过一个析"题"（审清题目）—切"入"（最佳角度）—用"本"（丰富题材）—索"源"（生活经历）—选"体"（文章体裁）—谋"篇"（结构布局）的过程。在这一过程中，学生以 Blog 为平台，通过协作学习、共同讨论，对作文思路进一步明确、完善。最后，通过电脑写作（一种是计算机话语识别系统，口述与行文一致；一种是计算机辅助自我监控系统，智能化，键入一词就出现一句），把网上搜索的资源进行加工组合，使自己的意思完整地表达出来。

4. 探究交流、互评互改

通过互动交流，学生对作文方法应该有更进一步的理解。教师应该善于利用 Blog 评论功能引导学生自主地表达欲望，引领他们走向更为广阔的学习空间。在基于 Blog 的《心中的美景》的作文教学中，经过对作文的资料搜集、谋篇布局、表述成文，学生对状物写景的方法应有比较深入的掌握，教师可要求他们就"状物技巧"及"写景方法"进行综合概括，以文字的形式在 Blog 发布，供大家交流。Blog 评改方式一般包括以下两种：一是教师在网上选择有代表性的习作示范评改后，与学生共同交流；二是学生自主选择习作，通过留言板功能进行评改，以达到相互交流、共同提高的目的。评价主要由学生的自我评价、同伴评价、集体评价和教师评价等组成。学生作文在 Blog 发表后，学生和教师可以通过跟帖等方式对作文进行分析、点评，充分发表对"状物技巧"及"写景方法"的意见。

5. 形成成果、网上发表

学生根据各种跟帖，通过不同视角观点之间的相互砥砺与补充，对自己的作文进行反思、锤炼、修改、完善，形成最终的作文，然后在自己的 Blog 上发布出来。

二、实战经验

（一）基于 Blog 的作文不是简单地"复制＋粘贴"

利用 Blog 搜集资料，然后进行整合，再结合自己的观点完成作文，这就容易给人造成这样一种印象：基于 Blog 的作文教学＝复制＋粘贴。Blog 作为一种网络平台，支持着教学活动的顺利进行。可是，看似简单地"复制＋粘贴"的过程实际上是一个搜集、整理、生成新信息的过程，在这过程中学生形成了自己对问题的理解和判断，并"词达意、理可据"地表达了自己的观点。

（二）基于 Blog 的作文质量应进行整体监控

Blog 既是一个学习平台，又是一个个人空间，学生享有很大的自由时空，一旦进入 Blog 环境，教师就难以控制学生的学习行为。所以，应该采取一定的措施对作文质量进行监控，如提出写作要求、列出评分标准、公布评改分数、发表评价意见、鼓励互评互改等，这些都可以围绕作文任务对作文质量进行整体监控。

（三）基于 Blog 的作文应该是形、色、音兼具

传统作文教学的成果是以书面文章来体现的。这是一种以语言文字为载体，无声、无色、静态、平面的纯文本。基于 Blog 的作文教学主要以计算机技术为核心，在信息处理方面，可以是文字，也可以是图像，还可以是声音，甚至是视频等，从而使作品的表现形式不再仅以纯文本出现。这种文章形、色、音兼具，生动形象，具有很强的立体感、现实感。

三、实战策略

（一）栏目设计

栏目设计实质就是导学设计。Blog 所提供的学习平台便于学生进行自主学习。每个栏目链接几个主题，每个主题导引完成特定学习内容，将一系列这样的超链接排列于每个栏目的固定位置，以便随时进入各个主题。还可以设置列表框，学生可以选择列表内所列内容。每个主题都对应若干个栏目，从而实现导学。

1. "广告"学习主题

教师在授课之前，通过发布教学信息的形式，引导学生进行自主学习。信息的内容一般包括学习任务、学习说明、学习流程及相关导引。

2. "教育"学习主题

从学习需要出发，教师可把学习内容分为"网络探究"、"课堂讲义"和"拓展资料"。学生可以根据自己的看法发帖、跟帖，参与问题讨论和课题研究。

3. "交流"学习主题

教师设置相关论题，比如"作业上交""燕岭论剑""小荷尖尖""先知先觉""博客链接"等，提出明确目标，要求学生将研究结果发表在相应栏目，教师跟帖，或评论，或引导，或建议。根据教师的意见，学生进行深入探究。

4. "写作"学习主题

这是教师的"自留地"，主要是对生活、工作、人生的感悟，或对文艺思想的主张，旨在给学生提供写作借鉴。这是课堂的外延。

（二）检索设计

检索设计是指从信息集合中发现、查出所需信息的活动与过程的设计。[①] 基于 Blog 的导学，学生对网络信息等各个方面进行存储、组织、查询、存取，从序化的信息集合中查找出符合需求的信息，它是信息组织的逆过程。因此，检索策略的现实化就是学习方式的形成。采用栏目以序化的方式，提供直接搜索。另外，可以通过每节课设置的关键词，依据关键词的检索进行检索导航。

依据检索策略的基本原理，根据 Blog 的简易信息聚合（RSS）功能的特点，检索设计主要有基于任务和基于个性化的自主学习方式。[②]

1. 基于任务的自主学习

围绕一个主题，设计几项任务，要求学生展开学习，让学生带着问题通过搜索引擎或相关的网站多角度地寻找答案，完成任务。对于初次进入专题教学 Blog 学习的学生，可以让他们先细阅课程说明，根据教师的提示进行自主学习。

2. 基于个性化的自主学习

学生可以按照自己的需要选择学习内容，可以按照自己的特点选择学习方法，可以按照自己的时间安排学习进度，可以按照自己的能力选择学习内容的深度。这种学习方法可以帮助学生自我激励、自我监控，促进学生学习能力的形成。

综合使用以上导学策略，可以使学生能够按自己的具体情况采取适合的学习方式独立完成学习任务。

---

① 陈芳.网络信息资源的知识检索研究[J].情报科学,2005(3):420-425.
② 胡俊.网络环境下学生自主探究学习及其教学模式研究[J].电化教育研究,2005(1):76-80.

后 记

探寻多元导学的秘密

今天的教育是什么？教育不是一味地模仿传统，也不是对学生进行思想钳制，而是尊重和保全人的自由、天性和兴趣，启发人不断地进行思考与创造。今天的教育应把权力交还给学生，激发和解放人的潜力。2011 年 10 月，教育部颁布了《教师教育课程标准（试行）》，要求改进教学方法和手段，强化教育实践环节等。我们为适应课改的要求，遵循现代教育思想，编著了《课堂导学：精彩课堂的有效捷径》一书。

古语：师者，所以传业授道解惑也。现代教师的任务是什么？师生关系又应如何？课堂导学以独特的观点来诠释师生关系，并做出全新的解释。与师生关系最密切的两个词应是"双赢""妥协"，而不是"约束""对立"。课堂导学坚持以学生为主体、以教师为主导的教学理念，打破传统教学的"三中心"局限，以新颖的模式、科学的方法、灵活的技巧、和谐的教学环境，帮助教师展示精彩课堂，创造性地将课堂归还给学生。尊重学生的个别差异，力求最大限度地发挥学生的积极性，满足学生无穷无尽的知识追求。翻阅《课堂导学：精彩课堂的有效捷径》，您将了解先进的教学理念，发现新颖的导学模式，掌握行之有效的导学技巧，借鉴精彩的教学案例，探索出一条冲破课改迷雾的成功道路。

本书将目光放在课改一线，总结最新鲜、最典型的导学方法，融合精炼简明的科学理念，力求呈现出一个全面、系统、深入的导学体系，激发教师的研究兴趣，改善封闭的教学环境，为创设精彩课堂提供有效的策略指导。为了达到更高的教学追求，我们在编著时突出了以下几个特色。

一是内容专题化。本书从导学内涵、导学模式、导学策略、导学技巧、导学方式、导学案编制、导学网络实践等七个方面提示课堂导学的秘密。我们通过由上至下的全面介绍，力图让教师对课堂导学获得全面的了解，开阔课堂教学的新思维。

二是案例典型化。课堂导学作为新课改的创新性提出，获得部分学校的积极尝试，并获得良好的效果。本书搜集了课改名校的鲜活案例，力图以真实的课堂实录、灵活的实践方式、严谨的学案编制、典型的导学模式，为教师提供新时代下改进课堂教学的实用读本。

三是观点独特化。本书以先进的教学理念与典型的教学案例为支撑，具体分析、研究，提出创新而独特的观点，辩证看待课堂导学与传统教学之间的联系，帮助教师寻得一条实现课堂改革的有效捷径，以提高教师运用教学方法与策略的能力。

回望编书数月，不计日夜，专心研究，认真编写，字字包含用心，句句凝聚努力，能够呈现于读者眼前，是对付出的心血最好的回报。回想整个研究过程：确立"课堂导学"选题时，兴奋激动；无从下笔、文意不顺时，灰心迷惘；发现创新观点时，感慨万分；与伙伴共同努力、相互鼓励时，雄心壮志……匆匆数月，各样情绪杂陈在心，各样经历难以一一倾述。但认真钻研、不懈研究的过程，确实令人获益匪浅，提高了认识，锻炼了能力，净化了心灵。

在编写本书的过程中，我们翻阅了许多专家的大量研究成果，引用了大量优秀教师的典型案例，在此对他们表示衷心的感谢！我们殚精竭虑，精益求精，力图让本书能够具备高质量与高品位，力求能够解决一线教师的一些疑惑。不过，由于受时间、资料、水平等因素的限制，本书的疏漏错失在所难免。如有发现，敬请广大热心读者谅解，并提出宝贵的建议，以期再版时加以勘正。敬请致邮王林发（wanglinfa999@126.com），我们将随时聆听您的批评指正。

最后，衷心感谢您阅读了本书！

编　者

2015 年 8 月 31 日